M A I S

LANDHAUSKÜCHE

M A I S

LANDHAUSKÜCHE

Von David Tanis

Fotos von Deborah Jones

Aus dem Englischen von Susanne Dickerhof-Kranz

Bearbeitet von Alexandra Böhme

KOMET

Die Originalausgabe erschien unter dem Titel
Corn: A Country Garden Cookbook bei Collins Publishers, San Francisco.

Published by arrangement with HarperCollins Publishers Inc.
Sonderausgabe für KOMET MA-Service und Verlagsgesellschaft mbH
Gesamtherstellung: KOMET MA-Service und Verlagsgesellschaft mbH
ISBN 3-89836-115-2

INHALT

[...]

Wie wird das Bild der alten Tage
Durch eure Träume glänzend wehn!
Gleich einer stillen, frommen Sage
Wird es euch vor der Seele stehn.

Der Bootsmann winkt! – Zieht hin in Frieden:
Gott schütz euch, Mann und Weib und Greis,
Sei Freude eurer Brust beschieden
Und euren Feldern Reis und Mais!

Ferdinand Freiligrath

EIN WORT VORWEG

Der wissenschaftliche Name für Mais ist *Zea mays.* Die Nordamerikaner nennen ihn *corn*, eine Gewohnheit, deren Ursprung in einer Zeit liegt, als die englischsprachige Welt alles Getreide als *corn* bezeichnete. Die Briten allerdings nennen ihn inzwischen *maize*, die Spanier *maíz*, was auf das Nahuatl-Wort *mahiz* zurückgeht. Unter dieser Bezeichnung lernte Columbus den Mais in der Neuen Welt kennen.

Die Geschichte des Mais ist etwa 7000 Jahre alt. Seine genaue botanische Herkunft ist unbekannt, aber vermutlich ist er aus einem Wildgras im jetzigen Süden Mexikos hervorgegangen. Die jetzt in den Vereinigten Staaten bekannten fünf Grundsorten Mais waren bis zur Entdeckung Amerikas schon von indianischen Bauern entwickelt worden. Die modernen Sorten sind so gezüchtet, daß sie relativ viel Zucker produzieren und bewahren, sie sind aber letztlich Varianten des indianischen Feldmais, der wesentlich weniger süß und zart war.

Inzwischen spielt Mais in beinahe allen Küchen der Welt eine wichtige Rolle. In Menge und Abwechslungsreichtum sind die Mais-Gerichte der mexikanischen Küche allerdings immer noch unübertroffen. Mais-Tortillas gibt es dort überall, sie sind ein integraler Bestandteil der mexikanischen Kultur geworden. Es gibt wunderbare tamales, manchmal an den eigenartigsten Orten. Die besten tamales, die ich je gegessen habe, wurden mir von einem Straßenverkäufer durch ein Zugfenster gereicht und waren mit Zucchiniblüten und Kräutern gefüllt. In Frankreich gibt es Mais-Crêpes, in Thailand Mais-Garnelen-Suppe, und in Indien wird Maisbrot gebacken. Und wer könnte sich die italienische Küche ohne polenta vorstellen? In ihrer einfachsten Form, vorsichtig in einem Kupfertopf angerührt und dann auf den Teller gegeben, ist sie ein einfaches Essen für Landarbeiter. Zusammen mit lange geschmorten Eintöpfen, mit Tomaten und Kräutern gebacken oder mit Gemüse gegrillt, ist sie eine Delikatesse.

Es gibt heute wieder ein stärker ausgeprägtes Bewußtsein für gesunde Ernährung: immer mehr Menschen bauen selbst Obst und Gemüse an, das Interesse an traditionellen Sorten wächst, ebenso das Interesse an organischem Anbau. Das Ergebnis ist, daß nun wieder frischeres und aromatischeres Gemüse als noch vor einigen Jahren angeboten wird. Dies ist bei Mais, der, sobald er gepflückt worden ist, beginnt, den Zucker in Stärke umzuwandeln, besonders wichtig. Und nichts schmeckt so gut wie Mais, der frisch aus dem Garten in den Kochtopf kommt.

Wenn Sie keinen Garten haben, sind Wochenmärkte eine gute Alternative für den Einkauf von frischem Gemüse. Sie bieten zudem die Möglichkeit, mit denjenigen zu sprechen, die den Mais oder andere Produkte angebaut haben. Als ich im vergangenen Jahr auf dem Markt in Santa Fe einen Farmer fragte, ob der von ihm angebotene Mais süß sei, antwortete er: »Ist es Honig?«

WISSENSWERTES ÜBER MAIS

Obwohl es Tausende von Maissorten gibt, ist Mais am Ende doch Mais, und man kann immer eine durch eine andere Sorte ersetzen. Jede Sorte Mais kann als Popcorn zubereitet, zu Mehl gemahlen, geröstet, zu Grütze gekocht oder frisch gegessen werden. In den 7000 Jahren seiner Geschichte haben die Bauern natürlich Sorten gezüchtet, die einer Vielzahl von Geschmäckern und Ansprüchen gerecht werden können.

Für die meisten Rezepte in diesem Buch benötigt man frischen Zuckermais. Sie können mit weißem, gelbem oder buntem Mais zubereitet werden. Alternativ können Sie auch Mais aus der Dose verwenden, doch ist dieser weniger aromatisch.

Eine einseitige Ernährung nur auf der Basis von Mais ist nicht anzuraten, wenn er auch ein sehr vollwertiges Nahrungsmittel darstellt, besonders zusammen mit anderen Speisen. Mais enthält viele Vitamine, Fasern und Kohlenhydrate, bietet aber nicht genug Protein. Sein Nährwert ist in Kombination mit Milchprodukten, Eiern oder Fleisch am höchsten. Und die Indianer haben schon vor langer Zeit Mais, Kürbis und Bohnen zusammen gekocht, eine Kombination, von der wir heute wissen, daß sie besonders reich an Aminosäuren ist.

Einkauf

Die USA produzieren den meisten Mais der Welt – etwa 243 Mio Tonnen jährlich (Zahl 1987). Dazu gehören rund 200 verschiedene Arten von Mais. Der Mittelwesten produziert den meisten Feldmais (für Futterzwecke, Frühstücksflocken, Maiskeimöl und Stärkemehl), während Zuckermais vor allem in Florida, Kalifornien und dem Staat New York angebaut wird.

Frischer Mais wird bei uns auf Wochenmärkten, in Supermärkten oder im Herbst auch direkt beim Bauern angeboten. Im Supermarkt sollten Sie ihn nach Möglichkeit nur dann kaufen, wenn Sie auch prüfen können, ob er frisch ist; der Mais sollte also nicht abgepackt sein.

In Europa wird Mais außerdem als Maisstärke sowie als grob gemahlenes Mehl oder Grieß verkauft. Manchmal wird der Mais jedoch auch in starker Lauge eingeweicht, die zähe Haut entfernt und der Mais dann gewaschen und gespült. Er kommt dann als ganzes Korn, geschrotet oder grob gemahlen in den Handel.

Auswahl

Mais ist am süßesten, wenn er jung geerntet und unmittelbar nach der Ernte zubereitet wird. Nach

dem Pflücken wird der in ihm enthaltene Zucker schnell zu Stärke. Der Spätsommer ist die beste Zeit, um Ausschau zu halten nach Mais mit feuchten, grünen Blatthüllen, die die Kolben vollständig bedecken.
Um zu prüfen, ob der Maiskolben reif ist, sollte man die Blätter vorsichtig etwas abziehen und ein paar Kerne freilegen. Die Kerne an der Spitze des Kolbens sollten noch nicht ausgebildet, die übrigen jedoch groß und glatt sein. Ritzt man einen frischen Kern mit dem Fingernagel ein, spritzt ein milchiger Saft heraus.

Lagerung

Mais am Kolben verliert seinen Geschmack schnell, wenn er erst einmal gepflückt ist. Man kann die Kolben zwei bis drei Tage, in Plastikfolie eingewickelt, im Kühlschrank aufbewahren, aber bei Zimmertemperatur verliert er sein Aroma innerhalb eines Tages.

Zubereitung

Ähnlich wie bei Erbsen und Bohnen sind auch die Samen des Mais, die Maiskörner, eingehüllt. Aber in diesem Fall besteht die Umhüllung aus seidigen Fäden, die den gesamten Maiskolben umgeben und von einer Schicht aus grünen Blättern bedeckt sind. Diese sollten Sie erst kurz vor dem Kochen ablösen, da sie den Mais vor dem Austrocknen schützen.
Maiskörner können vom Kolben abgelöst und gekocht, in Eintöpfe gegeben oder zu Maispudding verarbeitet werden. Als Ganzes kann der Maiskolben gegrillt oder gekocht werden. Dann wird er mit Butter, Salz und Pfeffer serviert und direkt vom Kolben gegessen.

Vorbereitung:
Bei einem ganzen Maiskolben zieht man die Deckblätter und die Fäden zum Stiel hin ab. Dann werden sie mit dem Stiel abgebrochen. Will man nur die Körner verwenden, allein die Deckblätter abbrechen, dann den Stiel fest anfassen und die Körner mit einem scharfen Messer durch Abschaben vom Kolben lösen.

Maiskolben kochen:
Am besten legt man die Kolben ohne Hüllblätter und -fäden in kochendes Wasser, sie sollten aber nicht länger als fünf Minuten gekocht werden. Man kann eine Prise Zucker hinzugeben, aber kein Salz – es macht die Körner hart.

Maiskolben backen:
Will man den Mais backen, zieht man die Hüllblätter herunter, entfernt die Fasern und bindet die Blätter mit einem Faden wieder um die Kolben. Sie werden 10 Minuten lang in kaltes Wasser gelegt, dann auf einem Rost über einem Bratenblech angeordnet und in einem auf 175 Grad C vorgewärmten Backofen 40 bis 45 Minuten gebacken.

Grillen:
Mais erfordert eine besondere Vorbereitung, damit er beim Grillen nicht austrocknet. Die Blätter herunterziehen und die Fäden entfernen. Dann die Blätter wieder um den Kolben legen und mit Bindfaden befestigen.
Die Körner bleiben weich, wenn man nun den rohen Kolben einschließlich der Blätter für 30 Minuten in kaltes Wasser legt. Überschüssiges Wasser abschütteln und den in die nassen Blätter gehüllten Maiskolben grillen.
Wenn man Maiskolben ohne Blätter kauft – wie sie häufig bei uns angeboten werden – sollte man sie vor dem Grillen in Alufolie wickeln.

Verschiedene Zubereitungsarten:
Es gibt Maisbrot, Mais-Muffins, Maiskuchen und Maisfladen (auf dem Backblech zubereitet) und Frühstücksgrützen wie *»Scamp«* (aus grob gemahlenem, getrockneten Mais). **Maisbrei** ist vor allem in den amerikanischen Südstaaten ein wichtiges Gericht. Man bereitet ihn zu, indem man getrockneten Mais in Lauge legt, um ihn zu enthülsen und dann die Kerne in Wasser kocht. Maisbrei sollte man nicht mit Maisgrütze oder »Grütze« schlechthin verwechseln. **Maisgrütze** besteht aus feingemahlenen, in Wasser gekochten Maiskörnern. Sie wird meistens zum Frühstück gegessen, kann aber auch gebacken oder als Eintopf gekocht werden.

Sehr großer Popularität erfreut sich in USA auch das **Maisbrot**. Es gibt davon ungezählte Variationen, zum Beispiel *»Hoecake«*, *»Ashcake«*, *»Jonnycake«* und *»Corn Pone«*, von denen jede einen besonderen Geschmack hat. Außerdem gibt es noch das klassische **Spoon bread** (Löffelbrot), das am besten schmeckt, wenn das Maismehl in einer der herkömmlichen alten Mühlen mit Mühlstein gemahlen wurde.

Maissorten:
flint = Hartmaissorte des Nordens
dent = Dellenmais des Südens (so genannt wegen der Dellen des trockenen Maiskorns); wird auch *Feldmais* genannt und für Futterzwecke, Frühstücksflocken, Öl und Stärkemehl verwendet
Zuckermais = im Süden als Kolben zu essen

Die auf den folgenden Seiten abgebildeten Maissorten stammen aus amerikanischer Züchtung und sind deshalb mit ihrem amerikanischen Namen angegeben. Bei uns gibt es nur Zuckermais zu kaufen, zu dem keine Sortenangaben gemacht werden.

Burpee's Peppy

Silver Queen

Pretty Pops

Rainbow Inca

Early Sunglow

Delectable

How Sweet It Is

Candy Store

Miniature Corn

Rupp Indian Corn

Hires

VORSPEISEN

Ob es unkomplizierte Häppchen zum Wein sind oder der erste Gang bei einem gesetzten Essen, Vorspeisen sollten den Appetit anregen und das Auge erfreuen. Diesen Ansprüchen genügt frischer Mais in wunderbarer Weise. Die intensive Farbe von ganzen Maiskörnern verleiht beinahe jedem Gericht ein festliches Aussehen, und das natürliche süße Aroma läßt sich gut mit anderen Zutaten kombinieren. Es paßt besonders gut zu gegrillten Zwiebeln und Paprika, aber auch zu Chili, Limone und Koriander.

Maismehl-Blinis mit Räucherlachs und Crème fraîche sind eine elegante Vorspeise zu einem Glas Champagner. Für heiße Sommertage bieten sich die frischen Salate mit Mais an, sie sind zudem einfach und schnell zuzubereiten. Die indisch inspirierten Mais-Gerichte – wie Lammspieße mit Mais-Chutney, das feurige Popcorn und die cremige Raïta – können ebensogut Auftakt zu einem Festmahl sein wie Basis eines würzigen Mittagessens unter freiem Himmel. Und die einfachste Mais-Vorspeise ist zugleich eine der leckersten: frischer Mais am Kolben, nur mit etwas Butter und Salz serviert.

FRESH
Popcorn

Feuriges Popcorn Bombay

Wenn Sie dieses Popcorn einmal probiert haben, werden Sie nie mehr anderes mögen! Dosieren Sie den Cayennepfeffer aber mit Rücksicht auf Ihre Gäste.

4 EL Pflanzenöl
½ Tasse getrocknete Maiskörner für Popcorn
1 EL Kümmelsamen
1 EL ganze schwarze Pfefferkörner
1 EL Koriandersamen
½ TL Universalgewürz
6 ganze Nelken
4 EL Butter
½ TL Cayennepfeffer (oder nach Geschmack)
1 TL Kurkuma
1 TL durchgepreßter Knoblauch
1 TL frisch geriebener Ingwer
Meersalz nach Geschmack

In einem hohen schweren Topf mit Deckel das Öl bei mittlerer Hitze erwärmen. Die Maiskörner dazugeben und gut umrühren, bis sie vom Öl überzogen sind. Dann den Deckel auf den Topf setzen. Den Topf so lange rütteln bis man die Körner platzen hört, etwa 3 bis 4 Minuten. Wenn Sie eine elektrische Popcornmaschine besitzen, folgen Sie der Gebrauchsanweisung. Eine Pfanne ohne Fett bei mittlerer Temperatur erhitzen. Kümmel, Pfefferkörner, Koriander, Universalgewürz und Nelken hineingeben und unter Rühren etwa 1 Minute lang erwärmen. Die Gewürze sollten ein wenig Farbe annehmen und geröstet riechen. Die Gewürze in eine elektrische Gewürzmühle oder einen Mörser geben und zu einem groben Pulver mahlen oder zerstoßen.

In derselben Pfanne die Butter bei mäßiger Hitze zerlassen. Die gerösteten, zerstoßenen Gewürze, Cayennepfeffer, Kurkuma, Knoblauch und Ingwer hineinrühren. Die aromatisierte Butter über das Popcorn gießen und alles gut vermengen. Nach Geschmack salzen. Möglichst noch warm in einer großen Schüssel servieren.

Ergibt 12 Tassen, für 4 bis 6 Personen

Lammspieße vom Grill mit Mais-Chutney

Diese leckeren Lammspieße können Sie in kleiner Version als Cocktail-Happen servieren, für ein Picknick verdoppeln Sie einfach das Rezept. Das Mais-Chutney schmeckt am besten frisch und kann ebensogut zu Lammkoteletts oder Lammschulter serviert werden. Garam masala – eine indische Gewürzmischung – bekommen Sie in gutsortierten Supermärkten, Lebensmittelabteilungen von Kaufhäusern, Feinkost- oder Spezialgeschäften.

Mais-Chutney:
Körner von zwei großen Zuckermaiskolben (oder 1 Tasse Mais aus der Dose)
2 Tassen (gut gehäuft) grob gehacktes Koriandergrün, (ersatzweise glattblättrige Petersilie)
1/4 Tasse frische Minze
2 Jalapeno Chilischoten, in 3 mm dicke Scheiben geschnitten (ersatzweise andere grüne Pfefferschoten)
2 EL grob gehackter frischer Ingwer
1 TL Zucker
1/2 Tasse kaltes Wasser
Salz und frisch gemahlener schwarzer Pfeffer
Saft von 1 großen Limone

Lammspieße:
500 g Lammhackfleisch
1 TL Koriandersamen
1 TL Kreuzkümmelsamen
1/4 TL Cayennepfeffer
1/2 TL Garam masala
4 Knoblauchzehen, durchgepreßt
2 EL fein gehackter frischer Ingwer
1 TL Salz
1 Ei, leicht geschlagen
1 Packung Schaschlikspieße aus Holz
Salatblätter zum Auslegen der Platte
1 Bund Koriandergrün und 2 Limonen als Garnierung

In der Küchenmaschine oder mit dem Schneidstab des Handmixers alle Chutney-Zutaten in kurzen Intervallen grob pürieren. Nach Bedarf mit mehr Salz oder Limonensaft würzen. Zugedeckt in den Kühlschrank stellen.

Den Backofen- oder Holzkohlengrill vorbereiten.

Das Lammhack in eine große Rührschüssel geben. Koriander- und Kümmelsamen ohne Fett etwa 1 Minute bei mittlerer Hitze in einer Pfanne anrösten, bis sie hellbraun sind und aromatisch riechen. In der elektrischen Gewürzmühle mahlen oder im Mörser zerstoßen und über das Hack streuen. Cayenne, *Garam masala*, Knoblauch, Ingwer, Salz und Ei dazugeben und gut vermengen. Die Fleischmasse in 8 Portionen teilen (oder mehr, bei kleineren Spießen). Mit nassen Händen 10 cm lange, fingerdicke Rollen um die Fleischspieße formen, dabei ein Endstück freilassen zum Anfassen. Die Spieße unter dem Backofengrill oder auf dem Holzkohlengrill etwa 5 Minuten, unter einmaligem Wenden, braten.

Zum Anrichten eine große Platte mit Salatblättern auslegen. Das Chutney in einer hübschen Schale in die Mitte stellen. Die heißen Grillspieße um das Chutney herum arrangieren, mit Limonenschnitzen und Koriandergrün garnieren.

Für 4 Personen

drink
...MADE IN CALIFORNIA
¡Sin Gas!

Mais-Raïta mit Pappadams

Die salatähnliche Kombination von Joghurt und rohem oder gekochtem Gemüse paßt besonders gut zu den lockeren Broten aus Linsenmehl. Zusammen mit einem kalten Bier oder Gin Tonic ist dies ein köstlicher Imbiß für einen heißen Sommertag. Und wenn Sie die Pappadams eher toasten als ausbacken, wird es nicht so deftig. Raïta paßt auch vorzüglich zu gegrilltem Fisch.

Raïta:
1 Liter Natur-Joghurt
2 große Zuckermaiskolben (oder 1 Tasse Mais aus der Dose)
2 EL Pflanzenöl oder Butterschmalz
1 EL schwarze Senfkörner
1 EL Kreuzkümmel
1 EL Knoblauch, durchgepreßt
Salz nach Geschmack
1 EL fein gehackter frischer Ingwer
1 EL fein gehackte frische Minze
1 Prise Cayennepfeffer
2 EL grob gehacktes frisches Koriandergrün (nach Geschmack)
1 frisch gehackte scharfe rote oder grüne Chilischote, entstielt, der Länge nach halbiert, Samen und Rippen entfernt (nach Geschmack)

1 Packung Pappadams (200 g), erhältlich in Spezialgeschäften

Mit einem Gummispatel den Joghurt in eine 2-Liter-Rührschüssel geben. Mit einem scharfen Messer die Maiskörner vom Kolben in eine kleine Schüssel schaben. Beiseite stellen.
Das Öl in einer Pfanne mit 20 cm Durchmesser bei mittlerer Hitze erwärmen. Senf- und Kümmelkörner dazugeben und rütteln. Die Samenkörner werden aufplatzen und anfangen zu duften. Hitze herunterschalten, Knoblauch dazugeben, aber nicht bräunen lassen! Die Maiskörner und eine Prise Salz dazugeben und gut mit einem Holzlöffel umrühren. Für etwa 2 Minuten bei mäßiger Hitze weiterrühren.
Die Mischung aus der Pfanne in den Joghurt geben. (Es wird ein wenig zischen und brutzeln.) Die Maismischung unterrühren, dann Ingwer, Minze, Cayenne sowie Koriandergrün und Chili (falls erwünscht) dazugeben. Alles gut vermengen. Etwa 10 Minuten gut durchziehen lassen. Abschmecken und, wenn nötig, mit Salz nachwürzen. Wenn die Raïta nicht gleich serviert wird, sollte man sie abkühlen lassen und mit Alu- oder Plastikfolie fest abgedeckt in den Kühlschrank stellen (bis zu 3 Stunden).
Die *Pappadams* der Reihe nach toasten oder im Ofen aufbacken, bis sie Blasen werfen. Sie können auch im Freien über einem offenem Feuer oder Grill geröstet werden. Zum Servieren wird die Raïta in eine kleine Servierschüssel gefüllt. Die knusprigen *Pappadams* in große Stücke brechen und um die Schale mit der Raïta legen. Die Brotstücke wie Chips in die Raïta dippen.

Für 4 bis 6 Personen

Mais-Blinis mit Räucherlachs und Crème fraîche

Diese Variante der klassischen russischen Blinis aus Buchweizenmehl sind eine Delikatesse. Servieren Sie sie als Minis doch einmal mit einem Häubchen aus Kaviar zum Aperitif.

½ Tasse Weizenmehl
½ Tasse feines gelbes Maismehl
2 TL Backpulver
½ TL Salz
¾ Tasse Milch
1 Ei
2 EL Butter, zerlassen
200–300 g Räucherlachs in Scheiben
½ Tasse Crème fraîche oder Saure Sahne
Kapern, Perlzwiebeln, Kapuzinerkresseblüten, frisch gemahlener schwarzer Pfeffer, roter oder schwarzer Kaviar bzw. Schnittlauchröllchen als Garnitur (nach Belieben)

Den Backofen auf 100 Grad C vorheizen.
In einer mittelgroßen Rührschüssel Weizen- und Maismehl, Backpulver und Salz vermengen. In einer anderen Schüssel das Ei mit der Milch verquirlen, dann beides über die Mehlmischung gießen. Vorsichtig verrühren, bis ein mäßig fester Pfannkuchenteig entsteht. Falls nötig, mit etwas Milch verdünnen. Die zerlassene Butter hineinrühren.
Eine Teflonpfanne, Crêpes-Pfanne oder leicht eingefettete gußeiserne Pfanne bei mittlerer Hitze erwärmen. Für jedes Blini 2 EL Teig in die Pfanne geben. Etwa 2 Minuten bzw. so lange backen, bis die Oberfläche Blasen wirft, dann umdrehen und 1 weitere Minute backen. Die fertigen Pfannkuchen in einer feuerfesten Form im Backofen warmhalten, bis alle gebacken sind.
4 kleine Teller kurz im Ofen anwärmen.
Zum Servieren je 3 oder 4 Blini auf einen warmen Teller geben. Die Lachsscheiben um die Blini legen, die Blini mit einem Klecks Crème fraîche krönen. Mit den vorgeschlagenen Beilagen (nach Belieben) garnieren.

Für 4 Personen

Soda

Maissuppe mit gerösteten Paprika

Diese samtige, pürierte Suppe schmeckt richtig nach Sommer! Schälen Sie die Paprikaschote sorgfältig, die Haut wird sonst beim Pürieren bitter.

2 rote Gemüsepaprika, 2 gelbe Gemüsepaprika
2 Gemüsezwiebeln, fein gewiegt
2 EL leichtes Olivenöl
Salz nach Geschmack
4 oder 5 Knoblauchzehen, abgezogen
Kerne von 4 großen Kolben Zuckermais (oder 2 Tassen Mais aus der Dose)
2 große mehlige Kartoffeln, fein gewürfelt
1 TL frischer Thymian
Frisch gemahlener schwarzer Pfeffer nach Geschmack
6 Tassen Hühnerbrühe, erhitzt
1 Prise Cayennepfeffer
Etwa 1/2 TL Rotweinessig
Schnittlauch, Basilikum und 4 TL Crème fraîche zum Garnieren (nach Belieben)

Den Backofen- oder Holzkohlengrill vorbereiten.

Die Paprikaschoten etwa 5 Minuten so nah wie möglich an der Hitzequelle grillen und dabei mehrfach wenden, bis die Haut schwarz wird und aufplatzt. Unter einem feuchten Tuch ein wenig abkühlen lassen, die Haut läßt sich dann leichter abziehen. Die Schoten der Länge nach aufschneiden, Stiele und Kerne mit einem Messer oder mit den Fingern entfernen. Die Paprika flachdrücken und die Haut abziehen. Nicht abspülen. Falls erforderlich, mit Küchenkrepp hartnäckige Reste der Haut oder Kerne entfernen. Die Gemüsepaprika in 1 cm große Würfel schneiden und beiseite stellen.

In einem großen schweren Topf die Zwiebeln bei mittlerer Hitze in dem Olivenöl andünsten. Etwas salzen und leicht anbräunen lassen. Hitze herunterschalten und unter gelegentlichem Rühren etwa 10 Minuten bzw. so lange garen, bis die Zwiebeln weich sind. Knoblauch, Mais, Kartoffeln und Thymian dazugeben, mit Salz und Pfeffer würzen. Die Hitze heraufschalten, gut umrühren und 4 Tassen Brühe zufügen. Sobald die Suppe brodelnd kocht, Hitze zurückschalten und die Suppe ohne Deckel etwa 15 Minuten köcheln lassen, bzw. bis die Kartoffeln weich sind. Drei Viertel der gegrillten Paprika dazugeben, den Rest zum Garnieren aufheben. Weitere 5 Minuten simmern lassen.

Die Suppe mit dem Schneid- oder Pürierstab des Handmixers in mehreren Gängen pürieren. Die Masse durch ein Drahtsieb passieren, dabei mit dem Rücken eines Holzlöffels verstreichen, um alle Flüssigkeit auszuquetschen. Kerne und Fasern wegwerfen. Die Suppe auf mittlerer Hitze wieder erhitzen. Cayennepfeffer und ein paar Tropfen Rotweinessig dazugeben. Gegebenenfalls die Suppe mit ein wenig Brühe verdünnen. Abschmecken und, falls erforderlich, nachwürzen.

Die Suppe auf 4 Suppenteller aufgeben. Mit den restlichen Paprikawürfeln bestreuen. Mit Schnittlauch, Basilikumblättern und einem Teelöffel Crème fraîche garnieren.

Für 4 Personen

Corn Chowder

Diese köstliche Suppe aus geröstetem Mais mit Knoblauchbutter kann auch mal den Hauptgang einer Mahlzeit bilden. Nach einer ersten Portion möchte sowieso niemand etwas anderes als einen Nachschlag.

4 große Zuckermaiskolben (oder 2 Tassen Mais aus der Dose)
Leichtes Ölivenöl oder Pflanzenöl, zum Bestreichen
1 Gemüsezwiebel, fein gewürfelt
2 EL leichtes Olivenöl
2 Stangen Lauch, gründlich gewaschen und fein gewürfelt (nach Belieben)
2 Tassen fein gewürfelte Gemüsepaprika (grün oder gelb oder beides)
1 Chilischote, Kerne und Rippen entfernt, fein gehackt
1 Zweig frischer Thymian
1 Lorbeerblatt
Salz nach Geschmack
3 bis 4 Kartoffeln, geschält und in kleine Würfel geschnitten
4 Tassen Hühnerbrühe oder Wasser

Knoblauchbutter:
4 EL ungesalzene Butter, zimmerwarm
1/2 TL durchgepreßter Knoblauch
1 EL frisch gewiegter Schnittlauch
1 EL frisch gehacktes Basilikum
1 EL frisch gehackte glatte Petersilie
Saft und abgeriebene Schale von 1 kleinen Limone
1 Prise Cayennepfeffer
Salz und frisch gemahlener schwarzer Pfeffer nach Geschmack

Den Barbecue-Grill vorbereiten.
Deckblätter und Fäden von den Maiskolben abziehen. Dünn mit Öl bestreichen und die ganzen Kolben zugedeckt 10 bis 15 Minuten grillen. Sie können die Kolben (oder den Mais aus der Dose) auch unter dem Grill des Backofens unter gelegentlichem Wenden etwa 10 Minuten bzw. so lange rösten, bis sie hellbraun sind. Abkühlen lassen. Mit einem scharfen Messer die Körner vom Kolben schaben, beiseite stellen.
In einem schweren Suppentopf die Zwiebeln in Ölivenöl bei mittlerer Hitze 5 bis 6 Minuten bzw. so lange andünsten, bis sie Farbe an-

nehmen. Lauch (nach Geschmack) dazugeben und 3 bis 5 Minuten köcheln lassen. Paprikaschoten, Chilischote, Thymian, Lorbeerblatt und Salz dazugeben und die Mischung weitere 2 bis 3 Minuten köcheln lassen. Kartoffeln und Brühe dazugeben. Die Suppe zum Brodeln bringen, 2 Minuten kochen lassen, dann herunterschalten und 10 Minuten simmern. Brühe abschmecken und bei Bedarf nachwürzen. Die beiseite gestellten Maiskörner an die Suppe geben und weitere 10 Minuten simmern, bis die Kartoffeln weich sind und die Brühe etwas eingedickt ist. Wenn man sie etwas dicker mag, 1 bis 1 ½ Tassen Suppe getrennt mit dem Schneidstab des Handmixers pürieren und wieder in den Topf geben.

In einer kleinen Schüssel mit einem Holzlöffel die Butter mit dem Knoblauch und den Kräutern verkneten. Limonensaft und -schale, Cayennepfeffer, Salz und Pfeffer nach Geschmack daran geben. Mit einem Gummispatel die Butter auf ein Stück Pergamentpapier bringen. Zu einer Rolle formen und mindestens 10 Minuten in den Kühlschrank stellen; sie läßt sich dann leicht in Scheiben portionieren.

Wenn die Suppe nicht sofort gegessen wird, kann man sie bis zu 4 Stunden im Kühlschrank aufbewahren, dann langsam erhitzen.

Die Suppe in Suppentellern servieren. Auf jede Portion ein Stück Knoblauchbutter geben.

Für 4 Personen

Pikanter Maissalat

Alle Aromen der mexikanischen Küche sind in diesem frischen Salat vereint. Das Geheimnis seiner Zubereitung ist eine perfekt reife Avocado, sie darf auf keinen Fall überreif sein. Am besten passen dazu kaltes Bier und Tortilla-Chips.

Dressing:

1 TL Kreuzkümmelsamen
1/2 Tasse leichtes Olivenöl
1 Knoblauchzehe, durchgepreßt
Saft und abgeriebene Schale von 1 Orange
Saft von 2 großen Limonen
1 große Prise Cayennepfeffer (nach Belieben)
Salz und frisch gemahlener schwarzer Pfeffer nach Geschmack
1 TL Paprikapulver

Salat:

1 kleiner Daikon = japanischer weißer Rettich, ersatzweise Eiszapfenrettich oder weiße Rübe
1 Bund kleine Radieschen
3 große Zuckermaiskolben, gekocht (siehe Seite 43) und Körner vom Kolben gelöst (oder 1 1/2 Tassen Mais aus der Dose)
1/2 Tasse Frühlingszwiebeln, in feine Ringe geschnitten
2 große, reife, aber feste Avocados
2 TL Paprikapulver
1/2 Tasse frisches Koriandergrün

Für das Dressing die Kümmelsamen ohne Fett in der Pfanne bei mittlerer Hitze hellbraun rösten, bis sie ihr Aroma entfalten. Vom Herd nehmen und abkühlen lassen. Mit der elektrischen Gewürzmühle fein mahlen oder im Mörser zerstoßen.

Öl in eine kleine Schüssel gießen. Gemahlenen Kümmel, Knoblauch, Orangensaft und -schale, Limonensaft, Cayennepfeffer, Salz, Pfeffer und Paprika dazugeben und mit einer Gabel verquirlen. Beiseite stellen.

Den Rettich putzen und in dünne Scheiben schneiden. Die Scheiben aufeinander legen und in Stifte schneiden. Die Radieschen in feine Scheiben schneiden.

In einer großen Schüssel Mais, Rettich, Radieschen und Frühlingszwiebeln vermischen. Mit Salz und Pfeffer würzen und abschmecken. Das Dressing darüber gießen, alles gut vermengen und 10 Minuten durchziehen lassen.

Die Avocados halbieren, den Stein entfernen. Vorsichtig schälen, damit das Fleisch nicht beschädigt wird. Nun die Hälften in dünne Scheiben schneiden. Die Avocadoscheiben auf 4 gekühlte Portionsteller legen. Die Maismischung noch einmal vermengen, dann auf und neben die Avocados geben. Jede Portion mit einer großzügigen Prise Paprika bestäuben. Mit Koriandergrün bestreuen und sofort servieren.

Für 4 Personen

Tamales mit Entenfleischfüllung und geräuchertem Chili

Tamales sind gedämpfte Maiskolbenblätter, die sich mit den verschiedensten Zutaten füllen lassen. Sie sind ideal für Parties oder andere Feste, bei denen dann die köstlichsten Aromen durchs Haus ziehen. Beim Dämpfen der tamales darauf achten, daß das Wasser sprudelnd kocht, langsames Garen macht sie zäh.

Füllung:

6 Entenkeulen (vorzugsweise Pekingente)
Salz und frisch gemahlener schwarzer Pfeffer nach Geschmack
6 EL chipotle Chilies (= ganze, feurige Pfefferschoten)*
1 Knoblauchknolle
1 Zitrone, geviertelt
8 Tassen Hühnerbrühe, frisch oder Instant, erhitzt
1 Gemüsezwiebel, fein gewiegt
2 EL leichtes Olivenöl oder Pflanzenöl
4 große Zuckermaiskolben (oder 2 Tassen Mais aus der Dose)
1 EL Kreuzkümmel
Saft von 1 kleinen Limone (oder nach Geschmack)

36 getrocknete Maiskolbenblätter, ersatzweise 36 Blatt Backpapier, auf 10 x 22 cm zugeschnitten*
½ Tasse Schmalz oder Pflanzenfett
4 Tassen Maismehl
1 TL Salz
½ TL Backpulver
2 bis 2 ½ Tassen Enten- oder Hühnerbrühe, frisch oder Instant, erhitzt

Den Backofen auf 200 Grad C vorheizen.
Die Entenkeulen waschen und trockentupfen. Großzügig mit Salz und Pfeffer einreiben. Die Chilies fein hacken, eine Hälfte beiseite stellen, mit der anderen Hälfte die Entenkeulen einreiben. Die Keulen in eine feuerfeste Form oder einen Schmortopf legen, die ganze Knoblauchknolle und Zitronenviertel dazugeben, mit der Hühnerbrühe aufgießen. Ohne Deckel etwa 1 ½ Stunden backen, bis das Fleisch gar und weich ist. Wenn man einen Bratspieß hineinsticht, sollte er leicht wieder herauszuziehen sein und klarer Saft aus dem Fleisch austreten. Die Entenkeulen aus der Form legen und bei Zimmertemperatur abkühlen lassen, die Bratflüssigkeit aufheben.
In einem großen Schmortopf die Zwiebel bei mittlerer Hitze im Öl andünsten. Leicht salzen

und etwa 5 Minuten weitergaren, bis sie glasig und leicht gebräunt ist. Mit einem scharfen Messer die Maiskörner vom Kolben lösen und an die Zwiebeln geben. Gut umrühren und 1 weitere Minute garen. Die Maismischung in eine große Rührschüssel geben.

Die Kümmelsamen ohne Fett in der Pfanne auf mittlerer bis großer Flamme hellbraun rösten. In der elektrischen Gewürzmühle mahlen oder im Mörser zerstoßen und an die Maismischung geben.

Wenn die Entenkeulen abgekühlt sind, die Haut abziehen und wegwerfen, das Fleisch von den Knochen lösen. Mit dem Messer in Stückchen von etwa Maiskorngröße hacken. An die Maismischung geben. Den restlichen Chili, 1 Tasse der Bratflüssigkeit und Limonensaft dazugeben. Mit einem Holzlöffel oder Spatel gut verrühren. Abschmecken und bei Bedarf nachwürzen.

Die Maiskolbenblätter in einer großen Schüssel mit heißem Wasser bedecken und 20 bis 30 Minuten weichen lassen.

Während der Einweichzeit das Schmalz entweder 10 Minuten mit dem elektrischen Rührgerät auf mittlerer Geschwindigkeit oder 20 Minuten lang mit dem Löffel schlagen. In einer Schüssel Maismehl, Salz und Backpulver vermengen und das Gemisch nach und nach – nie mehr als 50 g gleichzeitig – in das schaumige Schmalz schlagen und weiterschlagen, bis alle Zutaten gut verbunden sind. Nun 2 Tassen warme Brühe unter ständigem Rühren dazugießen und alles zusammen noch einmal 5 bis 8 Minuten schlagen, bis ein weicher, feuchter Teig, von der Konsistenz etwa wie Kartoffelpüree, entstanden ist. Falls erforderlich, mit ½ Tasse Brühe verdünnen und 2 Minuten weiterschlagen.

Die weichen Maisblätter aus dem Wasser nehmen und mit Küchenkrepp trockentupfen. 8 der Maisblätter der Länge nach in 6 mm dicke Streifen schneiden oder reißen.

Ein *tamale* nach dem anderen folgendermaßen behandeln: Etwa 2 EL Teig auf die Mitte des Maisblatts (oder Pergamentpapiers) geben. Mitten auf den Teig 1 gehäuften EL Füllung geben und leicht mit den Fingern andrücken. Das Maisblatt wie einen Umschlag falten und mit einem Blattstreifen zubinden. Man kann die *tamales* auch der Länge nach zu einer Wurst rollen und die Enden mit Blattstreifen zubinden. Alle tamales mit der oberen Seite nach unten in einen mit Maisblättern ausgelegten Durchschlag legen.

Den Durchschlag in einen Topf hängen, der etwas größer ist, sodaß an den Seiten und auf dem Boden Raum für das Wasser bleibt, das 2 cm unter dem Durchschlag stehen soll. Das Wasser über starker Hitze kräftig aufkochen, den Topf zudecken und die Temperatur herunterschalten. Die *tamales* etwa 1 ½ Stunden über dem sprudelnden Wasser dämpfen. Zwischendurch Wasser nachfüllen, sobald eine gewisse Menge verdunstet ist. Ein *tamale* probeweise öffnen, um sicher zu gehen, daß der Teig gar ist – er sollte weich sein, nicht teigig. Die fertigen *tamales* auf vorgewärmte Teller heben und sofort servieren.

Man kann sie auch im voraus zubereiten und noch einmal ½ Stunde über Dampf erhitzen.

Ergibt etwa 24 kleine tamales;
für 8 bis 10 Personen

* *in Spezialgeschäften mit mexikanischen Waren oder Feinkostläden erhältlich.*

Hummer-Rauke-Salat mit Mais-Salsa

Hummer und Mais scheinen wie füreinander geschaffen. Dieser Salat ist elegant und bodenständig zugleich – genau richtig für eine kleine Feier oder ein Picknick am Strand.

2 bis 3 EL Salz (nach Geschmack)
2 lebende Hummer, je 750 g (oder 4 TK-Hummerschwänze, aufgetaut)
½ Tasse kaltgepreßtes Olivenöl
Saft von 1 Zitrone
3 EL Rotweinessig
3 Knoblauchzehen, durchgepreßt
3 große Zuckermaiskolben, gekocht (siehe Seite 43), Körner vom Kolben gelöst (oder 1 ½ Tassen Mais aus der Dose)
2 große reife Tomaten, gehäutet, Kerne entfernt, fein gewürfelt
½ Tasse fein gewürfelte rote Gemüsepaprika
½ Tasse fein gewürfelte gelbe Gemüsepaprika
2 Chilis, Kerne und Rippen entfernt, sehr fein gehackt (nach Geschmack)
1 kleine rote Zwiebel, fein gewiegt
1 EL frisch gehackter Schnittlauch
1 TL frisch gehackter Estragon
1 EL fein gehackte glatte Petersilie
1 EL fein gahacktes grünes oder rotes Basilikum
Frisch gemahlener schwarzer Pfeffer, nach Geschmack
6 Tassen Rauke, ersatzweise eine Mischung aus Blattspinat und Brunnenkresse

In einem großen Topf 4 Liter Wasser bei großer Hitze zum Kochen bringen. 2 EL Salz dazugeben, Hummer hineingeben, Wasser wieder aufkochen lassen und 5 Minuten kochen. Hummer herausnehmen und auf Zimmertemperatur abkühlen lassen. Den Panzer aufbrechen, das Fleisch aus Schwanz und Scheren herausnehmen und in etwa 1 cm dicke Würfel schneiden.

In einer großen Schüssel Öl, Zitronensaft, Essig und Knoblauch verrühren. Mais, Tomate, Gemüsepaprika und (falls gewünscht) Chilis, ferner Zwiebel, Schnittlauch, Estragon, Petersilie und Basilikum dazugeben. Mit Salz und Pfeffer würzen und vorsichtig vermengen. Die Hummerstücke dazugeben und vorsichtig untermischen.

Rauke waschen und trockenschleudern. 4 vorgekühlte Portionsteller damit auslegen. Den Hummersalat darauf verteilen und sofort servieren.

Für 4 Personen

Bunter Maissalat

Wenn Mais, Tomaten und Gemüsepaprika erntereif sind, ist es Zeit für diesen Salat. Widerstehen Sie jedem Versuch, den Salat außerhalb der Saison zu machen. Wenn Sie ihn probiert haben, werden Sie wissen, warum.

4 große Kolben Zuckermais
2 große gelbe Gemüsepaprika
1 Pfund Kirschtomaten oder eine Mischung kleiner Tomaten in jeder Farbe

Vinaigrette:
½ Tasse kaltgepreßtes Olivenöl
2 EL frisch gepreßter Zitronensaft
2 EL Rotweinessig
1 bis 2 Knoblauchzehen, durchgepreßt
2 bis 3 Frühlingszwiebeln, in feine Röllchen geschnitten
Salz und frisch gemahlener schwarzer Pfeffer nach Geschmack
½ Tasse rotes (oder grünes) Basilikum

Bei großer Hitze einen großen Topf Wasser zum Kochen bringen. Maiskolben hineingeben und 2 Minuten kochen. Kolben abkühlen lassen.
Den Grill des Backofens oder einen Barbecue-Grill vorbereiten.
Die Paprika so nah wie möglich an die Hitzequelle legen und unter mehrfachem Wenden etwa 5 Minuten grillen, bis die Haut schwarz wird und Blasen wirft. Die Paprika unter einem feuchten Tuch abkühlen lassen; sie lassen sich dann leichter häuten. Der Länge nach halbieren, Stiele und Kerne mit einem Messer oder mit den Fingern entfernen. Die Schotenhälften flachdrücken und die Haut abziehen. Nicht abspülen, sonst verwässert das Aroma. Falls erforderlich, Reste von Haut oder Kerne mit Küchenkrepp entfernen. Die Paprika in etwa 1 cm dicke Streifen schneiden. (Wenn Sie die Paprika vorher nicht rösten und häuten wollen, verwenden Sie sie roh und schneiden sie so dünn wie möglich.)
Mit einem scharfen Messer die Maiskörner vom Kolben lösen und in eine große flache Porzellanschüssel geben. Die Paprikastreifen dazugeben. Die Tomaten vierteln oder halbieren und dazugeben.
In einer kleinen Schüssel Öl, Zitronensaft, Essig, Knoblauch und Zwiebeln verrühren.
Das Salatgemüse großzügig mit Salz und Pfeffer bestreuen, die Vinaigrette darüber gießen, alles vorsichtig vermengen und 10 Minuten bei Zimmertemperatur ziehen lassen.
Wenn Sie den Salat in der Schüssel servieren möchten, vor dem Auftragen noch einmal leicht verrühren. Mit gezupften oder ganzen Basilikumblättern garnieren. Natürlich kann der Salat auch auf Portionstellern angerichtet werden.

Für 4 Personen

K-R

Mais-Ziegenkäse-Auflauf mit warmem Senfgrün und Pancetta

Nicht so schwer zuzubereiten wie ein Soufflé, aber genauso ansprechend. Ein nachsichtiges Rezept: Eine Zutat mehr oder weniger tut dem Geschmack keinen Abbruch und der Auflauf fällt auch nicht so schnell zusammen.

1 Zwiebel, fein gehackt
3 EL Olivenöl
4 große Kolben Zuckermais (oder 2 Tassen Mais aus der Dose)
Salz und frisch gemahlener schwarzer Pfeffer nach Geschmack
1 EL frisch gehackter Thymian
2 EL Butter
2 EL Weizenmehl
1 Tasse Milch
1 Prise Cayennepfeffer
2 Eier, getrennt
120–170 g milder Ziegenkäse, Ricotta oder Frischkäse
170 g frisch geriebener Parmesankäse

120 g Pancetta oder Bacon in dünnen Scheiben
2 Knoblauchzehen, durchgepreßt
4 bis 6 Tassen zarte junge Senfblätter oder Rübenblätter, ersatzweise Blattspinat, gewaschen und getrocknet

Den Backofen auf 175 Grad C vorheizen. Eine Auflaufform von 1 Liter Fassungsvermögen mit Butter ausstreichen.
In einem mittelgroßen Topf bei geringer Hitze die Zwiebel in 1 EL Öl 3 bis 4 Minuten glasig dünsten. Mit einem scharfen Messer die Maiskörner vom Kolben schaben und dazugeben. Mit Salz und Pfeffer würzen und 2 Minuten sautieren. Vom Herd nehmen und den Thymian hineinrühren. Beiseite stellen.
In einer schweren Pfanne mit der Butter und dem Mehl eine Mehlschwitze zubereiten. Langsam die Milch dazugießen und unter kräftigem Rühren etwa 5 Minuten kochen, bis ein glatter Brei entsteht. Weiterrühren und etwa 5 Minuten weiterkochen. Vom Herd nehmen, mit Salz, Pfeffer und Cayenne würzen. Etwas abkühlen lassen, dann die Eigelb eins nach dem anderen hineinschlagen. Die Maismischung dazugeben und gut umrühren. Den Ziegenkäse hineinbröseln und vorsichtig unterrühren. Die Hälfte des geriebenen Parmesankäses dazugeben und wieder rühren.
In einer mittelgroßen Schüssel das Eiweiß steif schlagen. Ein Drittel des Eischnees in die Maismischung rühren, den restlichen Eischnee mit einem Gummispatel vorsichtig unterziehen. Rasch die Masse in die vorbereitete Auflaufform gießen. Mit dem restlichen Parmesan bestreuen. Etwa 30 bis 35 Minuten bzw. so lange backen, bis die Oberfläche goldbraun ist und ein in die Mitte gesteckter trockener Holzspieß sauber wieder herauskommt. (Wird der Auflauf nicht gleich verzehrt, kann er bei Zimmertemperatur bis zu 2 Stunden stehenbleiben und dann wieder aufgewärmt werden.)
In einer großen Pfanne das restliche Olivenöl erhitzen. Bei mittlerer Hitze die *pancetta* 1 bis 2 Minuten knusprig braten. Knoblauch dazugeben, nicht braun werden lassen. Das Senfgrün dazugeben, mit Salz und Pfeffer würzen und 1 bis 2 Minuten unter Rühren dünsten, bzw. bis die Blätter leicht zusammenfallen.
Das Grün auf Speiseteller verteilen, eine gute Portion Auflauf daraufgeben und sofort servieren. *Für 4 bis 6 Personen*

Celis

Mais am Kolben

Frisch gekochte Maiskolben, mit viel Butter serviert, sind ein beliebtes amerikanisches Sommeressen. Denen, die bereit sind, mit der Tradition zu brechen, bieten wir hier noch einige andere köstliche Varianten. Die Mengenangaben beziehen sich auf einen Maiskolben.

Kochen:
Wenn Sie junge, frische und zarte Maiskolben nehmen, die Blätter entfernen und die Kolben höchstens 2 Minuten ohne Deckel in ungesalzenem Wasser sprudelnd kochen. Eine Prise Zucker schadet nicht, Salz macht die Körner hart. Die Kolben nicht pressen oder biegen und höchstens sechs Stück auf 4 Liter Wasser kochen. Sofort heiß servieren. Ihre Gäste sollten auf den Mais warten, nicht umgekehrt! (Wie bei Risotto oder Polenta!)
Ist der Mais etwas älter oder wurde er im Kühlschrank gelagert, muß er etwa 5 Minuten kochen. Geben Sie dann 2 EL Zucker an das Kochwasser; das macht den Mais zwar nicht jünger, verbessert aber das Aroma.

Maiskolben mexikanische Art:
1/2 Tasse Salz
Gemahlener roter Chili oder Cayennepfeffer
1 Limone, halbiert

In einer kleinen Schüssel Salz und Chili mischen, bis die Mischung so scharf ist, wie Sie sie mögen. Die Limone mit der Schnittseite in die Salzmischung drücken und den Maiskolben damit abreiben. Etwas Limonensaft über den Kolben träufeln.

Maiskolben südländische Art:
Kaltgepreßtes Olivenöl nach Geschmack
Meersalz und frisch gemahlener schwarzer Pfeffer, ebenfalls nach Geschmack
Grob geschrotete Chilis nach Geschmack

Den gekochten oder gegrillten Maiskolben mit Öl beträufeln, dann mit Salz, Pfeffer und Chili bestreuen.

Grillen:
Beim Grillen hat beinahe jeder seine eigene Methode. Bei der klassischen Variante werden die Deckblätter abgezogen, die Fasern entfernt und die Blätter mit einem Faden wieder um die Kolben gebunden. Dann legt man sie 20 Minuten in kaltes Wasser und backt sie unter gelegentlichem Wenden 15 bis 20 Minuten auf dem Barbecue-Grill. Diese Methode, den Mais in seiner Hülle zu garen, verleiht ihm durch die gerösteten Blätter zusätzliches Aroma.
Eine andere Methode: Die Blätter ganz entfernen, den Maiskolben leicht mit Öl bestreichen, dann im zugedeckten Barbecue-Grill 10 bis 15 Minuten unter gelegentlichem Wenden rösten.

Chili-Kümmel-Butter:
1 EL Butter, zimmerwarm
1/4 TL fein gehackte frische oder eingelegte Chilis
1/4 TL Kreuzkümmelsamen, geröstet, dann gemahlen
1 TL frisch gehacktes Koriandergrün

Salbei-Schnittlauch-Butter:
1 EL Butter, zimmerwarm
1/4 TL frisch gehackter Salbei
1/4 TL frisch gehackter Schnittlauch
1/2 TL frisch gepreßter Zitronensaft

Dill-Kerbel-Butter:
1 EL Butter, zimmerwarm
1/4 TL frisch gehackter Dill,
1/4 TL frisch gehackter Kerbel oder Petersilie
Frisch gemahlener schwarzer Pfeffer nach Geschmack

In einer kleinen Schüssel die Butter mit den jeweiligen Zutaten verrühren. Großzügig auf dem Maiskolben verstreichen.

BEILAGEN

Mit seinem süßen Aroma ist Mais eine wunderbare Beilage zu geschmortem und gegrilltem Fleisch. Probieren Sie einmal das Mais-Kartoffel-Gratin zu einem Steak, und Sie werden nur noch ungern auf schlichtes Kartoffelgratin zurückgreifen. Die auf Maismehl basierenden Gerichte sind als Beilagen konzipiert: Sie können, frisch aus dem Ofen kommend, zu allem serviert werden, von einem gegrillten Hähnchen bis zu gebratenem Thunfisch. Wer könnte schon einer Scheibe frischen Maisbrotes, knusprigen Mais-Beignets oder einem Löffel voll Maisfarce wiederstehen? Kaufen Sie das beste, frisch gemahlene Maismehl, das Sie bekommen können, am besten in einem italienischen Spezialitätengeschäft oder einem Naturkostladen. Die Rezepte funktionieren auch mit normalem Maismehl, aber je besser die Qualität des Maismehls, desto besser das Aroma.

Andere Gerichte, etwa der Indianische Gemüseeintopf oder der gebackene Safran-Gemüse-Reis, können auch eine volle Mahlzeit ausmachen. Dazu werden einfach die Portionen vergrößert. Und etwas gegrillte Polenta, mit einem frischen grünen Salat serviert, kann ein wunderbar sommerliches Mittagessen sein.

Würziger Maispudding

Mit diesem einfachen Gericht kann man viel Lob ernten. Die Kombination von Mais, Safran und Frühlingszwiebeln in einer duftigen Eiercreme ist von ganz besonderem Aroma und schmeckt gut zum Sonntagsbrunch anstelle des üblichen Rühreis oder als Beilage zu einem gegrillten Hähnchen.

2 EL Butter
Frische Maiskörner von den Kolben gelöst (3 Kolben, ersatzweise 1 ½ Tassen Mais aus der Dose)
Salz und frisch gemahlener schwarzer Pfeffer nach Geschmack
½ Tasse Frühlingszwiebeln, in dünnen Scheiben
2 Eier
1 Tasse Milch
⅛ TL Safran

Den Backofen auf 190 Grad C vorheizen.
In einer großen Pfanne die Butter bei geringer Hitze zerlassen. Maiskörner dazugeben, Temperatur hochschalten und den Mais etwa 2 Minuten erhitzen. Vom Herd nehmen. Mit Salz und Pfeffer würzen und gut verrühren. In eine 1 ½-Liter-Souffléform oder in 4 Portionsförmchen geben. Mit den Frühlingszwiebeln bestreuen.
In einer kleinen Schüssel die Eier mit der Milch verquirlen. Safran und eine große Prise Salz unterrühren.
Die Eimischung über den Mais gießen. Die Auflaufform in eine tiefe Saftpfanne setzen, diese etwa 5 cm hoch mit kochendem Wasser aufgießen. Die Pfanne fest mit Alufolie abdekken. Auf der mittleren Schiene des Backofens etwa 30 Minuten garen, bzw. so lange bis die Eimasse stockt. Ein trockener Holzspieß, in die Mitte gesteckt, sollte sauber wieder herauskommen. Die Souffléform vorsichtig aus dem Wasserbad heben und sofort servieren.

Für 4 Personen

Spoon Bread

Eine traditionelle Köstlichkeit aus den Südstaaten der USA. Spoon Bread ist ein Mittelding aus Maisbrot und Maispudding und als Beilage zu Fleisch gedacht. Schmeckt am besten, wenn eine Sauce zum Auftunken dabei ist.

2 Tassen Wasser
1 Tasse feines Maismehl
Frischer Gemüsemais von 2 Kolben (ersatzweise 1 Tasse Mais aus der Dose)
1 TL Salz
2 EL Butter
3 Eier
1 Tasse Buttermilch

Den Backofen auf 200 Grad C vorheizen. Boden und Seiten einer Kasserolle von 26 cm Durchmesser oder einer Kastenform einfetten.
In einem großen Topf das Wasser bei großer Hitze zum Kochen bringen. Nach und nach das Maismehl hineinschütten, Hitze herunterschalten und etwa 2 Minuten rühren. Die Mischung darf nicht kochen. Vom Herd nehmen. Maiskörner, Salz und Butter hinzufügen und rühren, bis die Butter völlig aufgelöst ist.
In einer kleinen Schüssel Eier und Buttermilch verrühren, in die Maismischung gießen. Mit dem Schneebesen etwa 1 Minute verquirlen, bis die Mischung glatt ist. Den Teig in die Backform gießen, glattstreichen und in der Mittte des Ofens 35 bis 40 Minuten backen, bis das Brot goldbraun ist. Ein in die Mitte gesteckter Holzspieß sollte sauber wieder herauskommen. Mit einem Servierlöffel direkt aus der Backform servieren.

Für 4 bis 6 Personen

Hushpuppies

Hushpuppies sind Maispuffer, die gewöhnlich als Beilage zu gebratenem Fisch serviert werden. Sie passen aber zu beinahe allem und schmecken auch köstlich nur mit frischer Tomatensalsa.

1/2 Tasse feines gelbes Maismehl
1/2 Tasse Weizenmehl
1 TL Salz oder mehr, nach Geschmack
1 große Prise Cayennepfeffer
1 TL Backpulver
1/2 Tasse fein gewiegte Frühlingszwiebel
1/2 Tasse Milch
1 Ei
1 Tasse Pflanzenöl zum Braten
Frisch gemahlener schwarzer Pfeffer nach Geschmack

In einer großen Rührschüssel Maismehl, Weizenmehl, Salz, Cayenne und Backpulver mischen. In die Mitte eine Vertiefung drücken, Frühlingszwiebel, Milch und Ei dazugeben. Mit einem Holzlöffel die nassen in die trockenen Zutaten einarbeiten, dann etwa 2 Minuten lang mit dem Löffel schlagen.
Öl etwa 1 cm hoch in eine tiefe Pfanne gießen. Bei mittlerer bis großer Hitze heiß werden lassen, bis es beinahe raucht. Jeweils einen Löffel voll Teig in das heiße Öl geben, Puffer nach und nach braten. Je eine Minute auf jeder Seite bzw. so lange backen, bis die Puffer goldbraun sind. Auf Küchenkrepp abtropfen lassen. Mit Salz und Pfeffer bestreuen und heiß servieren.

Für 4 bis 6 Personen

Von hinten nach vorne: Hushpuppies; Tante Annas Maisbrot (Rezept Seite 51) und Spoon Bread

Tante Annas Maisbrot

Obwohl man dieses Brot auch in einer Pasteten- oder Backform backen kann, bekommt es im Schmortopf die schönste Kruste. Zucker darf, muß aber nicht dabeisein.

2 EL Pflanzenöl
3/4 Tasse feines gelbes Maismehl
1 Tasse Weizenmehl
4 EL Zucker (nach Wunsch)
2 EL Backpulver
1/2 TL Salz
1 Ei
2 EL Butter
1 Tasse Buttermilch

Den Backofen auf 200 Grad C vorheizen.
Das Öl in einen Schmortopf von 22 cm Durchmesser gießen und in den heißen Ofen stellen. Maismehl, Weizenmehl, Zucker (nach Geschmack), Backpulver und Salz in eine Rührschüssel sieben. In die Mitte eine Vertiefung drücken, Ei, Butter und Buttermilch hineingeben. Mit einem Holzlöffel oder Rührbesen nach und nach die nassen in die trockenen Zutaten einarbeiten, dann 2 Minuten schlagen.

Den Teig in den heißen Schmortopf gießen und in der Mitte des Ofens etwa 20 Minuten backen, bis sich das Brot etwas von den Seiten gelöst hat und goldbraun ist. Ein in die Mitte gesteckter Holzspieß sollte sauber wieder herauskommen. Heiß auftragen.

Ein Tip: Maisbrotreste eignen sich hervorragend für eine Geflügelfarce (Rezept Seite 70), können aber auch für eine spätere Verwendung eingefroren werden.

Gemüse-Beignets

Diese Art von Gemüsebeilage paßt zu verschiedenen Gerichten: Roastbeef, Fischspießen oder pikant gegrillten Hähnchenbrüsten. Versuchen Sie auch einmal andere Gemüsesorten, zum Beispiel Auberginen, rote Bete oder Gemüsepaprika.

Ausbackteig:
½ Tasse Weizenmehl
3 EL feines gelbes Maismehl
½ TL Backpulver
½ TL Salz
1 Tasse Milch
2 Eier, getrennt

2 Tassen Pflanzenöl oder nach Bedarf, zum Fritieren
Körner von 3 großen Zuckermaiskolben (ersatzweise 1 ½ Tassen Mais aus der Dose)
1 Tasse Weizenmehl
1 TL Salz
1 Prise Cayennepfeffer
1 rote Zwiebel, gehäutet, in 6 mm dicke Ringe geschnitten
2 Tassen Blattspinat, gewaschen und trockengeschleudert
Salz und frisch gemahlener schwarzer Pfeffer nach Geschmack
2 EL frisch gehackte glatte Petersilie zum Garnieren
2 oder 3 Zitronenachtel zum Garnieren

Den Backofen auf 120 Grad C vorheizen.
Den Ausbackteig zubereiten: Mehl, Maismehl, Backpulver und Salz in eine große Rührschüssel sieben. In die Mitte eine Vertiefung drücken, Milch und Eigelb hineingeben und 2 Minuten gut verrühren.
In einer zweiten Schüssel das Eiweiß steif schlagen. Ein Drittel des Eischnees unter den Teig ziehen. Mit einem Gummispatel den restlichen Eischnee vorsichtig unter den Teig heben.
Eine tiefe Pfanne etwa 1 cm hoch mit Öl füllen. Bei mittlerer bis starker Hitze erhitzen, bis es leicht raucht.
Die Maiskörner in einer kleinen Schüssel in etwas Ausbackteig wenden. Jeweils einen Eßlöffelvoll in das heiße Öl geben. Jede Portion 1 Minute pro Seite goldbraun backen. Auf Küchenkrepp abtropfen lassen und im Backofen warmhalten.
In einer kleinen Schüssel Mehl, Salz und Cayenne mischen. Die Zwiebelringe erst in dem gewürzten Mehl wenden, dann durch den Ausbackteig ziehen. Nach und nach unter Wenden 2 Minuten goldbraun und knusprig ausbacken. Nicht zu viele auf einmal nehmen. Auf Küchenkrepp abtropfen lassen und im Backofen warmhalten.
Die Spinatblätter (jedes für sich) ebenfalls in dem Würzmehl wenden und durch den Ausbackteig ziehen. Partienweise 2 Minuten unter Wenden ausbacken. Auf Küchenkrepp abtropfen lassen.
Die Beignets auf eine große Platte legen. Mit Salz, Pfeffer und Petersilie bestreuen und mit Zitronenachteln garnieren. Heiß servieren.

Für 4 bis 6 Personen

Verfeinerter Sahnemais

Probieren Sie diese Variante des Mais als Gemüsebeilage mit paniertem Schnitzel oder gegrilltem Fisch, Sie werden sich die Finger lecken!

2 EL Butter
1 Zwiebel, fein gehackt
Salz nach Geschmack
Körner von 4 großen Zuckermaiskolben (ersatzweise 2 Tassen Mais aus der Dose)
1 TL Kreuzkümmel
1 rote Chili, Kerne und Rippen entfernt, sehr fein gehackt
1 grüne Chili, Kerne und Rippen entfernt, sehr fein gehackt
1 Tasse Crème fraîche
Frisch gemahlener schwarzer Pfeffer nach Geschmack
Saft von 1 großen Limone
1 EL frisch gehackter Schnittlauch
1/4 Tasse Koriandergrün

In einer großen Pfanne die Butter bei milder Hitze zerlassen. Die Zwiebel dazugeben, Temperatur heraufschalten, leicht salzen und unter Rühren 4 bis 5 Minuten sautieren, bis die Zwiebeln glasig und weich sind. Maiskörner dazugeben und 1 Minute garen, bis sie heiß sind.
Die Kümmelsamen ohne Fett in einer Pfanne hellbraun rösten, bis sie aromatisch duften. In der Gewürzmühle mahlen oder im Mörser fein zerstoßen. Mit den Chilis und der Crème fraîche zu dem Mais geben, gut verrühren und bei milder Hitze 2 Minuten köcheln lassen. Mit Salz und Pfeffer abschmecken, Limonensaft dazugeben und noch einmal umrühren.
Maisgemüse in einer großen, flachen Schüssel auftragen. Mit Schnittlauch und Koriandergrün garnieren.

Für 4 Personen

Mais-Gratin »Neu England«

Böse Zungen behaupten, in den Neu-England-Staaten würde alles überbacken, selbst die Vorhänge! Dieses traditionelle Rezept schmeckt jedenfalls allen.

5 EL Butter
1 kleine Zwiebel, sehr fein gehackt
1 kleine grüne Gemüsepaprika, sehr fein gehackt
Salz nach Geschmack
3 EL Weizenmehl
Frisch gemahlener schwarzer Pfeffer nach Geschmack
1/4 TL Paprikapulver
1 große Prise Cayennepfeffer
1 1/2 Tassen Milch
Körner von 4 großen Zuckermaiskolben (ersatzweise 2 Tassen Mais aus der Dose)
2 Eigelb
1/2 Tasse frische Semmelbrösel

Den Backofen auf 190 Grad C vorheizen.
3 EL Butter bei milder Hitze in der Pfanne zerlassen. Zwiebel, grüne Paprika und ein wenig Salz dazugeben. Auf mittlere Hitze schalten und das Gemüse unter gelegentlichem Rühren etwa 3 Minuten garen. Mit Mehl bestäuben und großzügig mit Salz und Pfeffer würzen. Paprika und Cayenne dazugeben, mit einem Holzlöffel gut umrühren, bis die Zutaten vollständig integriert sind. Langsam die Milch dazugießen. Wenn die Sauce andickt, gut rühren, damit sich keine Klümpchen bilden. Hitze herunterschalten und 2 Minuten simmern lassen. Vom Herd nehmen und die Maiskörner dazugeben.

In einer kleinen Schüssel die Eigelb verquirlen und an die Maismischung geben. Gut verrühren. Abschmecken und mit Salz und Pfeffer nachwürzen.
Eine 1 1/2-Liter-Auflaufform mit Butter ausfetten. Die Maismischung hineingießen und gleichmäßig mit Semmelbrösel bestreuen. Mit Butterflöckchen belegen. Etwa 30 Minuten backen, bis die Oberfläche goldbraun ist und leichte Blasen wirft. Direkt aus der Form bei Tisch aufgeben.

Für 4 bis 6 Personen

Mais-Kartoffel-Gratin

Die Franzosen wären bei dieser Variante ihres klassischen gratin dauphinois schockiert – weil Mais dabei ist! Auch wenn das Gericht ungewöhnlich ist, der Geschmack überzeugt. Paßt gut zu Schweinekoteletts oder ähnlich rustikalem Fleisch.

3 EL Butter
2 Pfund festkochende Kartoffeln, geschält und in dünne Scheiben gehobelt
Salz und frisch gemahlener schwarzer Pfeffer nach Geschmack
1 EL grob gehackter frischer Salbei
1 EL ganze frische Thymianblätter
6 Knoblauchzehen, abgezogen und in dünne Scheiben geschnitten
Körner von 3 Zuckermaiskolben (ersatzweise 1 ½ Tassen Mais aus der Dose)
2 bis 3 Tassen Sahne

Den Backofen auf 175 Grad C vorheizen.
Eine Backform (am besten oval) dick mit Butter einfetten. Eine Reihe Kartoffeln in die Form schichten, wobei sich die Scheiben leicht überlappen sollen. Leicht mit Salz, Pfeffer, Salbei, Thymian und Knoblauch bestreuen. Eine Handvoll Maiskörner darüber streuen. Mit 3 EL Sahne beträufeln. Die Reihenfolge wiederholen, bis alle Kartoffeln aufgebraucht sind. Die Form höchstens zu zwei Dritteln füllen. 2 Tassen Sahne darübergießen, so daß die Scheiben gerade bedeckt sind. Eventuell mehr Sahne nachgießen. Butterstückchen darüber verteilen. Die Backform gut mit Alufolie abdecken und in den vorgeheizten Backofen stellen. Nach 45 Minuten Backzeit die Folie abnehmen, weitere 15 bis 20 Minuten backen, bis die Sahne eine goldene Kruste bildet. Die Kartoffeln werden sehr zart. Behutsam mit Gabel und Löffel servieren.

Für 6 Personen

Indianischer Gemüseeintopf

Die Anregung zu diesem Rezept stammt von einer indianischen Kollegin.
Sie verriet mir einige Lieblingsrezepte ihrer Familie.
Der Eintopf schmeckt besonders gut zu Lamm oder Kaninchen.

*2 Tassen Anasazi-Bohnen**
*2 Tassen Pinto-Bohnen**
6 getrocknete rote Chilis
3 Tassen Wasser
2 EL Pflanzenöl
1 Gemüsezwiebel, grob gehackt
Salz nach Geschmack
1 Knoblauchknolle
1 Pfund Kürbis, geschält, entkernt und in dicke Würfel geschnitten
2 große Tomaten, gehäutet, entkernt und zerhackt
*Frische Maiskörner von 4 Kolben Schwarzer Azteke oder Blauer Navajo**
Frisch gemahlener schwarzer Pfeffer nach Geschmack
8 Kürbisblüten, in 6 mm dicke Streifen geschnitten
1 TL frischer Oregano
1 EL frische Minze

Die Anasazi-Bohnen unter kaltem Wasser waschen und in einen mittelgroßen Topf geben. Wasser dazugießen, so daß die Bohnen gerade bedeckt sind. Zum Kochen bringen und bei schwacher Hitze halb zugedeckt 1 Stunde köcheln lassen, bis sie gar sind. Mit den Pinto-Bohnen ebenso verfahren. (Kochen Sie die Bohnensorten gleichzeitig, aber getrennt.) Abgießen und beiseite stellen.
Die Chilis ohne Fett bei mittlerer Hitze in der Pfanne rösten, bis sie sich blähen und aromatisch duften. Mit einem scharfen Messer der Länge nach aufschneiden, Kerne und Rippen entfernen. Die Schoten bei großer Hitze 5 Minuten in Wasser kochen, dann zusammen mit der Kochflüssigkeit pürieren. Beiseite stellen.
In einem großen Schmortopf das Öl bei mittlerer Temperatur erhitzen. Zwiebeln hineingeben, leicht salzen und etwa 3 Minuten sautieren, bis sie etwas Farbe haben. Die Knoblauchknolle zerteilen, die Zehen ungehäutet in den Topf geben. Das Chilipüree dazugeben. Mit einem Holzlöffel umrühren und etwa 2 Minuten köcheln, bis etwas Flüssigkeit verdampft ist. Kürbis, Tomaten, Mais und Bohnen dazugeben. Großzügig mit Salz und Pfeffer würzen. Falls die Mischung zu trocken erscheint, etwas Wasser zugießen. Temperatur herunterschalten und alles ohne Deckel etwa 30 Minuten köcheln lassen, dabei gelegentlich umrühren. Abschmecken und eventuell mit Salz nachwürzen. Die Kürbisblüten dazugeben.
Den Oregano ohne Fett bei mittlerer Hitze in einer Pfanne anrösten. In den Topf geben und gut umrühren. Die Minze grob hacken, den Eintopf damit bestreuen und servieren.

Für 6 bis 8 Personen

* *Anasazi- und Pinto-Bohnen bekommt man in Spezialitäten- oder Feinkostgeschäften, ersatzweise kann man weiße Bohnen nehmen.*
Die Maissorten Schwarzer Azteke und Blauer Navajo sind ebenfalls schwer zu bekommen, der Eintopf schmeckt aber auch mit frischem Zuckermais oder 2 Tassen Mais aus der Dose.

Polenta (Grundrezept)

In Italien ist Polenta, eine Art Getreidebrei, schon seit Jahrhunderten ein Grundnahrungsmittel. Damals wurde sie meist aus Hirse, Gerste oder auch Kichererbsenmehl zubereitet. Heute ißt man am liebsten Polenta aus Mais, die Zubereitung aber hat sich kaum verändert. Man kann die Polenta sofort servieren, mit etwas Butter und Käse darüber, oder aber abkühlen und fest werden lassen und dann in Scheiben braten oder grillen.

4 Tassen Wasser
1 TL Salz
1 Tasse fein gemahlene Polenta (als vorbereitetes Produkt erhältlich) oder Maismehl
2 EL Butter

In einem schweren, 3 bis 4 Liter fassenden Kochtopf Wasser und Salz bei starker Hitze zum Kochen bringen. Die rohe Polenta oder das Maismehl langsam in das kochende Wasser schütten, das weiter sprudeln muß. Ununterbrochen rühren, damit sich keine Klumpen bilden. Die Hitze verringern und die Polenta unter häufigem Rühren 20 bis 30 Minuten ohne Deckel sieden lassen, bis sie eingedickt ist. Bei ausgeschalteter Hitze auf der Herdplatte weitere 10 Minuten stehen lassen, dann die Butter hineinrühren. Sofort servieren oder im Wasserbad warm halten.

Für 4 Personen

Feste Polenta:
Man kann die Polenta auch in heißem Zustand auf ein großes, gebuttertes Bachblech geben und mit einem Messer zu einem dünnen Fladen von etwa 40 cm Durchmesser ausstreichen. Dann kommt sie für etwa 2 Stunden in den Kühlschrank. Nach dem Erkalten kann man sie in Öl braten, grillen oder backen und mit einer Sauce anrichten. Sie hält sich 2 bis 3 Tage im Kühlschrank.

Im Uhrzeigersinn von hinten: Gegrillte Polenta mit Sommergemüse (Rezept Seite 63); Polenta mit Pilzragout (Rezept Seite 62) und Polenta-Auflauf mit Ricotta und Pesto (Rezept Seite 64)

Polenta mit Wildpilzragout

Polenta ist die ideale Beilage zu Wildpilzen, deren volles Aroma damit gut zur Geltung kommt. Im Sommer schmeckt sie vorzüglich mit einem leichten Gemüseeintopf aus Auberginen, Tomaten und Paprika. Zu einer herzhaften Lammkeule paßt Polenta ebenfalls gut.

1 Portion Polenta nach Grundrezept (Seite 61)
1 Pfund gemischte Wildpilze (z.B. Pfifferlinge, Röhrlinge usw.) oder eine Mischung aus jungen Waldchampignons, Shiitake und Austernpilzen
1 Gemüsezwiebel, fein gewiegt
3 EL Olivenöl erster Pressung
3 bis 4 Knoblauchzehen, durchgepreßt
½ Tasse Tomate, gehäutet und gehackt (frisch oder aus der Dose)
½ TL frisch gehackter Thymian
½ TL frisch gehackter Salbei
½ TL frisch gehackter Rosmarin
¼ TL grob geschrotete Chilischoten (wahlweise)
Salz und frisch gemahlener schwarzer Pfeffer nach Geschmack
1 ½ Tassen Hühnerbrühe, frisch oder Instant, erhitzt
2 EL Butter
2 EL frisch gehackte glatte Petersilie

Polenta nach dem Grundrezept von Seite 61 zubereiten.
Pilze säubern, in feine Scheiben schneiden oder grob hacken. Beiseite stellen.
Zwiebel in 2 EL Öl bei mittlerer Hitze 2 Minuten anbraten. Temperatur hochschalten, Pilze und das restliche Öl dazugeben. Etwa 1 Minute unter kräftigem Rütteln der Pfanne und Rühren mit einem Holzlöffel braten, bis die Zwiebeln und Pilze mit Öl überzogen und leicht gebräunt sind.
Auf mittlere Hitze herunterschalten, Knoblauch, Tomaten, Kräuter und Chili dazugeben. Großzügig salzen und pfeffern. Gut umrühren. Wenn die Tomatenflüssigkeit ein wenig verdampft ist, mit Hühnerbrühe auffüllen und unter gelegentlichem Rühren etwa 3 Minuten bzw. so lange garen, bis die Flüssigkeit auf die Hälfte reduziert ist. Abschmecken und eventuell nachwürzen. Die Butter hineinrühren und vom Herd nehmen.
Die Polenta auf eine große Servierplatte häufen, das Ragout darum herum anrichten. Petersilie über das Ragout streuen.

Für 4 bis 6 Personen

Gegrillte Polenta mit Sommergemüse

Den Grillrost gut einölen, sonst bleibt die Polenta kleben.
Die Polenta knusprig und goldbraun grillen.

1 Portion Polenta nach Grundrezept (Seite 61), fest werden lassen
1 Tasse leichtes Olivenöl zum Bestreichen
1 große Aubergine
4 mittelgroße Zucchini, gelb und grün
1 rote Zwiebel
4 kleine Tomaten, reif, aber fest
Salz und frisch gemahlener schwarzer Pfeffer nach Geschmack
3 EL fruchtiges Olivenöl aus erster Pressung
1/2 Tasse, lose gehäuft, grünes Basilikum

Die feste Polenta zubereiten und mindestens eine Stunde im Kühlschrank kühlen. Einen Barbecue-Grill vorbereiten oder den Grill des Backofens vorheizen. Aus der kalten Polenta mit einem Messer oder Teigausstecher Formen schneiden (Dreiecke oder Scheiben). Die Stücke beidseitig mit Olivenöl bestreichen und auf jeder Seite 3 Minuten grillen. Auf eine Servierplatte geben, lose mit Alufolie abdecken und warm halten.

Aubergine und Zucchini der Länge nach in etwa 1 cm dicke Streifen schneiden. Die Zwiebel häuten und kreuzweise in etwa 1 cm dicke Stücke schneiden. Tomaten halbieren. Alle Gemüsestücke beidseitig mit dem einfachen Olivenöl bestreichen und mit Salz und Pfeffer bestreuen. Partienweise jeweils 2 Minuten pro Seite grillen, bzw. bis sie leicht gebräunt sind, aber immer noch Biß haben.

Wenn alles Gemüse gegrillt ist, grob zerkleinern und um die Polenta herum arrangieren. Mit dem feinen Olivenöl beträufeln und mit Basilikumblättern garnieren.

Für 4 bis 6 Personen

Polenta-Auflauf mit Ricotta und Pesto

Dieses Gericht wird genau wie Lasagne zubereitet, nur nimmt man statt Nudelteig Polenta. Schmeckt köstlich zu gegrillten Kalbskoteletts oder gebratenem Hähnchen, kann aber auch mit Salat als vollwertige Mahlzeit serviert werden.

1 Portion Polenta nach Grundrezept (Seite 61), jedoch mit 5 statt 4 Tassen Wasser
Salz und frisch gemahlener schwarzer Pfeffer nach Geschmack
3 EL Butter

Pesto:
2 Tassen frische Basilikumblätter, ohne Stiele, lose gehäuft
1 Tasse frische glatte Petersilie, lose gehäuft
4 bis 5 Knoblauchzehen, durchgepreßt
½ Tasse leichtes Olivenöl
½ Tasse frisch geriebener Parmesankäse
½ Tasse Pecorino romano oder sardo, frisch gerieben

500 g Ricotta

Den Backofen auf 175 Grad C vorheizen.
Polenta nach Rezept zubereiten. Wenn sie fertig ist, großzügig mit Salz und Pfeffer würzen und über einem Wasserbad warmhalten.
Mit der Hälfte der Butter eine flache 2-Liter-Backform dick einfetten. Beiseite stellen.
Pesto zubereiten. Dazu Basilikum, Petersilie und Knoblauch mit einer Prise Salz in der Küchenmaschine pürieren. Mit einem Gummispatel die Kräuter herunterdrücken. Mixer wieder einschalten und das Öl tropfenweise zugießen, bis eine glatte Sauce entsteht. Die Sauce sollte flüssig genug sein, um leicht vom Spatel zu laufen. Eventuell noch etwas Öl hinzufügen. Pesto in eine Schüssel geben. In einer anderen Schüssel Parmesan und Pecorino mischen. ½ Tasse der Käsemischung unter das Pesto rühren. Mit Salz und Pfeffer abschmecken, gut verrühren.
Den Auflauf zubereiten. Ein Drittel der Polenta gleichmäßig in der vorbereiteten Backform verteilen. Die Hälfte des Pesto auf der Polenta verstreichen und mit der Hälfte des Ricotta bestreuen. Auf den Ricotta ein Drittel des restlichen geriebenen Käses streuen. Mit einer Lage Polenta bedecken. Mit dem restlichen Pesto bestreichen, mit dem restlichen Ricotta bestreuen. Die Hälfte des verbliebenen geriebenen Käses darüber streuen. Die letzte Lage Polenta aufgeben, mit dem restlichen Käse bestreuen und mit Flöckchen der restlichen Butter garnieren.
Auf der mittleren Schiene des Ofens etwa 40 Minuten backen, bis die Oberfläche gebräunt ist und Blasen wirft.

Für 6 Personen

Succotash
Indianisches Gericht in moderner Version

Die ersten amerikanischen Siedler lernten Succotash durch die Indianer kennen, die Mais und Bohnen nicht nur auf denselben Feldern anbauten, sondern oftmals auch zusammen kochten. Im Winter wurde dieses Gericht aus getrockneten Maiskörnern und Bohnen zubereitet. Am besten schmeckt Succotash im Sommer, wenn man frischen Mais und frisch enthülste Limabohnen, weiße Bohnen oder eine Mischung aus beidem nimmt. Sie können das Rezept beliebig variieren, die Gemüse-Würfel sollten allerdings alle die gleiche Größe haben. Nur Mais und Bohnen dürfen niemals fehlen!

*½ Pfund frische Limabohnen oder Augenbohnen**
2 Knoblauchzehen, nicht abgezogen
1 kleine Möhre, geschrappt
½ Lorbeerblatt
Salz nach Geschmack
2 EL leichtes Olivenöl
1 Gemüsezwiebel, fein gewiegt
¼ TL grob geschrotete Chilischoten
2 Knoblauchzehen, durchgepreßt
1 rote Gemüsepaprika, fein gewürfelt
1 gelbe Gemüsepaprika, fein gewürfelt
1 grüne Zucchini, fein gewürfelt
1 gelbe Zucchini, fein gewürfelt
Frische Maiskörner von 4 großen Zuckermaiskolben (oder 2 Tassen Mais aus der Dose)
½ Pfund frische grüne Bohnen, in 6 mm dicke Stücke geschnitten
1 reife Fleischtomate, gehäutet, entkernt und fein gewürfelt
1 TL frisch gehackter Thymian
1 TL frisch gehackter Salbei,
Frisch gemahlener schwarzer Pfeffer nach Geschmack
2 EL Butter
1 EL fein gehackte glatte Petersilie
1 EL frisch gehacktes Basilikum

Frische Bohnen mit der doppelten Menge Wasser in einen schweren Topf geben. Knoblauchzehen, Möhre und Lorbeerblatt dazugeben. Zum Kochen bringen. Temperatur herunterschalten und bei schwacher Hitze 20 bis 30 Minuten köcheln lassen, bis die Bohnen weich sind. Nach Geschmack salzen und beiseite stellen.

In einem sehr großen Schmortopf das Öl bei mittlerer Hitze erhitzen. Zwiebeln dazugeben, leicht salzen und etwa 3 Minuten glasig dünsten. Chili, durchgepreßten Knoblauch und Gemüsepaprika dazugeben und gut umrühren. Etwa 2 Minuten garen, bis die Paprika etwas weich sind, dann die Zucchini dazugeben. Nachsalzen, um den Zucchini die Flüssigkeit zu entziehen. Etwa 1 Minute weitergaren, dann Mais und grüne Bohnen dazugeben. Eine weitere Minute köcheln lassen, bis alle Zutaten heiß sind, dann die Limabohnen, Tomate, Thymian und Salbei dazugeben. Mit Pfeffer und Salz nach Geschmack würzen. Das Gemüse sollte gerade gar sein – nicht zu weich und nicht zu knackig. Die Butter hineinrühren, mit Petersilie und Basilikum garnieren und sofort servieren.

Für 4 bis 6 Personen

* *Anmerkung: Man kann ersatzweise getrocknete Limabohnen oder TK-Erbsen nehmen. Die Bohnen müssen vorgekocht werden, bei den Erbsen dagegen entfällt das Vorkochen. Wie oben beschrieben an das Succotash geben.*

Gebackener Safran-Gemüse-Reis

Dieses Reisgericht erinnert an eine Paella und eignet sich hervorragend für eine kleinere Gästerunde. Am besten schmeckt es auf spanische Art serviert – zimmerwarm.

4 große Kolben Zuckermais (ersatzweise 2 Tassen Mais aus der Dose)
Leichtes Olivenöl zum Bestreichen der Kolben
2 rote Gemüsepaprika
2 große rote Zwiebeln
2 Knoblauchknollen
Salz und frisch gemahlener schwarzer Pfeffer nach Geschmack
3 EL Olivenöl aus erster Pressung
1 Gemüsezwiebel, fein gewiegt
3 Tassen Langkorn- oder Mittelkorn-Reis
6 Tassen frische Gemüse- oder Hühnerbrühe (oder Instant), heiß
1/2 TL Safranfäden, zerkrümelt
1 Prise Cayennepfeffer
1 EL ganze frische Thymianblätter

Den Grill des Backofens vorheizen.
Die Maiskolben von den Blatthüllen befreien, dünn mit Öl bestreichen und 10 Minuten unter gelegentlichem Wenden im Backofen grillen, bis sie Farbe annehmen. Abkühlen lassen, dann mit einem scharfen Messer die Körner von den Kolben lösen. Beiseite stellen. (Wenn Sie Mais aus der Dose verwenden, stellen Sie die Körner in einer Backform etwa 5 Minuten unter den Grill.)
Gemüsepaprika etwa 5 Minuten unter gelegentlichem Wenden grillen, bis die Haut schwarz wird und Blasen wirft. Unter einem feuchten Tuch abkühlen lassen, Haut, Kerne und weiße Rippen entfernen. In Stücke schneiden und beiseite stellen.
Den Backofen auf 175 Grad C vorheizen. Rote Zwiebeln häuten und achteln. Knoblauchknolle zerteilen, Papierhäute entfernen, die Zehen aber nicht abziehen. Zwiebel und Knoblauchzehen auf ein Stück Alufolie setzen, leicht salzen und pfeffern und mit 1 EL Olivenöl beträufeln. In der Folie einwickeln und etwa 1 Stunde backen bzw. bis die Zwiebeln und Knoblauchzehen weich sind. Abkühlen lassen, dann die Zwiebeln grob hacken. Knoblauchzehen pressen. Rote Zwiebeln, Knoblauch, Mais und Paprika vermengen. Beiseite stellen.
Gemüsezwiebel in dem restlichen Olivenöl bei mittlerer Hitze in einer feuerfesten 3-Liter-Form andünsten. Leicht salzen und etwa 3 Minuten garen, aber nicht braun werden lassen. Den Reis dazugeben und unter häufigem Rühren 2 Minuten sautieren, bis er glasig ist. Mit der Brühe auffüllen und 5 Minuten simmern lassen. Die gegrillten Gemüse, Safran, Cayennepfeffer und Thymian dazugeben. Brühe abschmecken und bei Bedarf nachwürzen. Etwa 2 Minuten weiter köcheln lassen. Backform in den Ofen stellen und ohne Deckel 20 Minuten bzw. so lange backen, bis die Flüssigkeit absorbiert ist. Aus dem Ofen nehmen, locker mit Alufolie abdecken und 10 Minuten abkühlen lassen. Dann servieren.

Für 6 bis 8 Personen

Bunte Gemüsepfanne

Der Clou an diesem Gericht sind die Pfifferlinge, sie ergänzen das Aroma von Mais auf raffinierte Weise. Mit Brot oder Baguette serviert, ist die Gemüsepfanne eine leichte sommerliche Mahlzeit. Sie können sie aber auch als Beilage zu Lammkoteletts, Steaks, gebratenem Hähnchen oder Goldbrasse servieren.

1 Gemüsezwiebel, fein gehackt
4 EL kaltgepreßtes Olivenöl
Salz nach Geschmack
Frische Körner von 4 großen Zuckermaiskolben (oder 2 Tassen Mais aus der Dose)
2 l Wasser
2 TL Salz
500 g junge grüne Bohnen
250 g frische Pfifferlinge (ersatzweise frische Champignons oder frische Austernpilze), blättrig geschnitten
2 bis 3 Knoblauchzehen, durchgepreßt
2 TL frisch gehackter Thymian
1/4 TL grob geschrotete rote Chilischote (wahlweise)
Saft von 1 Zitrone (oder nach Geschmack)
Frisch gemahlener schwarzer Pfeffer nach Geschmack
2 EL fein gehackte glatte Petersilie
1/4 Tasse, lose gehäuft, frisches Basilikum (ohne Stiele)
Zitronenachtel zum Garnieren

In einer 20 bis 25 cm großen Pfanne die Zwiebel in 2 EL Olivenöl 2 bis 3 Minuten andünsten, aber nicht braun werden lassen. Leicht salzen und unter gelegentlichem Rühren 2 Minuten garen. Maiskörner dazugeben und weitere 2 Minuten garen. Vom Herd nehmen. Mit einem Gummispatel die Mischung aus der Pfanne in eine flache Schüssel streichen. Beiseite stellen. Pfanne nicht spülen, da sie später noch gebraucht wird.

In einem mittelgroßen Topf das Wasser bei großer Hitze zum Brodeln bringen. 2 TL Salz hineingeben. Grüne Bohnen 3 Minuten darin blanchieren. Bohnen abgießen und abschrekken, dann auf einem Backblech oder einer großen Platte verteilen und auf Zimmertemperatur abkühlen lassen.

Die restlichen 2 EL Olivenöl in die benutzte Pfanne gießen, Temperatur auf mittel bis hoch schalten. Die Pilze dazugeben, leicht salzen und auf einer Seite braun braten. Mit dem Bratenwender umdrehen und von der anderen Seite braten. Zwiebel-Mais-Mischung dazugeben und gut umrühren. Hitze auf mäßig reduzieren. Blanchierte Bohnen dazugeben und wieder umrühren. Dann den Knoblauch, Thymian und Chili dazugeben und gut umrühren, damit der Knoblauch nicht anbrennt. Abschmecken und bei Bedarf mit Salz nachwürzen. Weitere 2 Minuten garen.

Das Gemüse auf einer Servierplatte anrichten. Mit Zitronensaft beträufeln, mit Pfeffer würzen. Mit Petersilie, zerzupften Basilikumblättchen und Zitronenscheiben garnieren. Sofort servieren.

Für 4 bis 6 Personen

Maisbrotfarce

Die Kombination von Mais und durchwachsenem Speck verleiht dieser Farce ihren charakteristischen Geschmack. Wenn man die Farce separat brät, wird sie lecker knusprig-braun.

2 EL Butter, zusätzlich etwas Butter zum Einfetten der Backform
2 Gemüsezwiebeln, in mittelgroße Würfel geschnitten
Salz nach Geschmack
3 bis 4 Knoblauchzehen, fein gehackt
6 Scheiben durchwachsener Speck, in 3 mm dicke Streifen geschnitten
Körner von 4 großen Zuckermaiskolben (oder 2 Tassen Mais aus der Dose)
1 Tasse fein gewürfelter Sellerie
1 EL frisch gehackter Salbei
1 EL frisch gehackter Thymian
1 Prise Cayennepfeffer
Frisch gemahlener schwarzer Pfeffer nach Geschmack
4 Tassen gewürfeltes oder grob geriebenes Maisbrot vom Vortag (Rezept Seite 51)
1 1/2 Tassen Hühnerbrühe, frisch oder Instant, heiß

Den Backofen auf 190 Grad C vorheizen. Eine 3-Liter-Backform mit Butter einfetten.
In einer großen Pfanne 2 EL Butter bei mittlerer Hitze zerlassen. Zwiebeln dazugeben und leicht salzen. Unter häufigem Rühren etwa 5 Minuten goldgelb sautieren. Knoblauch und Speckstreifen dazugeben und 2 Minuten garen. Die Zwiebelmischung in eine große Rührschüssel geben. Mais, Sellerie, Salbei, Thymian und Cayennepfeffer dazugeben. Großzügig salzen und pfeffern, gut vermengen. Maisbrot in die Mischung krümeln. Mit einem Gummispatel vorsichtig vermengen. Langsam die Hühnerbrühe angießen und unterrühren. Eventuell nachwürzen.
Die Masse in die vorbereitete Backform füllen, mit Alufolie abdecken und 30 Minuten backen. Folie abnehmen und weitere 15 bis 20 Minuten backen, bis die Oberfläche knusprig braun ist.

Für 6 bis 8 Personen

HAUPTGERICHTE

Frischer Mais! Man denkt sofort an goldene Spätsommertage und volle Erntekörbe. Die Fettuccine mit Mais, Kürbis und Kürbisblüten können Sie mit Gemüse aus dem eigenen Garten zubereiten. Die scharfen Jakobsmuscheln mit Babymais sind eine wunderbare Möglichkeit, der Hitze zu widerstehen, und was könnte amerikanischer sein als der gegrillte Lachs mit Maisrelish? Der in Bananenblättern gebackene Fisch eignet sich gut für ein Grillfest, aber Vorsicht – wundern Sie sich nicht über zahlreiche Nachbarn, die wegen des verführerischen Dufts vorbeischauen.

Auch zu anderen Jahreszeiten kann Mais in Hauptgerichten eine Rolle spielen. Der deftige Schweinebraten mit roten Chilis und Mais-Chili-Popovers schmeckt mit frischen Chilis besonders gut, während die Chilaquiles auch mit eingelegten Chilischoten köstlich sind. Überhaupt lassen sich diese mit einer Vielzahl von Zutaten zubereiten, so daß Ihrer Phantasie keinerlei Grenzen gesetzt sind. Und keines dieser Gerichte ist kompliziert oder aufwendig, alle aber sind verlockend.

Scharf gewürzte Jakobsmuscheln mit Babymais

Die asiatischen Gewürze geben diesem Gericht etwas Exotisches, der frische, zarte Mais verleiht ihm zusätzlich eine extravagante Note.

2 EL Erdnußöl
500 g Jakobsmuscheln, gesäubert und gewaschen, leicht gesalzen
20 Stück frische Maiskölbchen (oder aus der Dose)
1 EL frischer Ingwer, fein gehackt
3 bis 4 Knoblauchzehen, durchgepreßt
½ TL grob geschrotete rote Chilis
½ TL Sesamöl
Salz und frisch gemahlener schwarzer Pfeffer nach Geschmack
1 große Limone, halbiert
½ Tasse Koriandergrün

In einer großen Pfanne das Erdnußöl bei großer Hitze erwärmen. Wenn das Öl leicht raucht, die Muscheln in einer Partie hineingeben. Auf mittlere Hitze herunterschalten und etwa 2 Minuten braten, bis die Muscheln auf einer Seite leicht gebräunt sind. Dann umdrehen und von der anderen Seite anbraten. Aus der Pfanne nehmen und beiseite stellen.

Die Maiskölbchen in die Pfanne geben. Gut rütteln, bis der Mais rundherum mit dem Öl überzogen ist, dann Ingwer, Knoblauch, Chili und Sesamöl dazugeben, mit Salz und Pfeffer würzen. Etwa 1 Minute garen. Die Muscheln in die Pfanne zurückgeben und alles gut vermengen.

Die beiden Limonenhälften über dem Sauté ausquetschen, dann dieses auf 4 vorgewärmte Portionsteller geben. Mit Koriandergrün garnieren und servieren.

Für 4 Personen

Shrimps mit Maismehlgrütze

Das Wort Grütze weckt in den meisten von uns unangenehme Kindheitserinnerungen – aber keine Angst, die in den amerikanischen Südstaaten gemeinhin »hominy« genannte Maismehlgrütze ist die Antwort der USA auf die Polenta. Nach Aussage eines waschechten Südstaatlers ist das Geheimnis der Grütze, daß man sie mindestens 1 Stunde lang köcheln und am Topf kleben läßt.

Grütze:
4 Tassen Wasser
2 EL Butter
1 TL Salz
1 Tasse Maisgrieß oder grobes Maismehl
2 bis 3 Tassen Milch

2 EL leichtes Olivenöl
1 Gemüsezwiebel, fein gehackt
Salz nach Geschmack
1 grüne Gemüsepaprika, fein gewürfelt
2 EL Weizenmehl
2 große Tomaten, gehäutet, entkernt und grob gewürfelt
Frisch gemahlener schwarzer Pfeffer
2 TL Paprikapulver
1 große Prise Cayennepfeffer
2 Tassen Hühnerbrühe, frisch oder Instant
750 g frische Shrimps, geschält und von der Darmader befreit

In einem 2 Liter fassenden Kochtopf das Wasser bei starker Hitze zum Sprudeln bringen. Butter und Salz dazugeben, dann das Maismehl langsam in das kochende Wasser schütten. Ununterbrochen rühren, bis die Grütze eindickt. Hitze verringern und unter häufigem Rühren etwa 1 Stunde simmern lassen, dabei etwa alle 10 Minuten eine halbe Tasse Milch hineinrühren, bis die Grütze die Konsistenz von dünnem Kartoffelbrei hat. Vom Herd nehmen und zugedeckt stehen lassen.

Öl in einer Pfanne erhitzen. Zwiebeln dazugeben, leicht salzen und etwa 3 Minuten dünsten, bis sie glasig, aber nicht braun werden. Gemüsepaprika dazugeben und weiterbraten bis das Gemüse etwas anbräunt. Das Mehl hineinstäuben, mit einem Holzlöffel umrühren. Tomaten dazugeben und großzügig mit Salz und Pfeffer würzen. Paprikapulver, Cayennepfeffer und Hühnerbrühe dazugeben. Bei schwacher Hitze 5 Minuten simmern lassen. Die Sauce abschmecken und bei Bedarf nachwürzen. Die Shrimps hineinlegen und die Pfanne zudecken. Die Shrimps sollten in 2 Minuten gar sein.

Auf 4 Portionsteller je eine gute Portion Grütze und eine gute Portion Shrimps mit viel Sauce aufgeben und sofort servieren.

Für 4 bis 6 Personen

Gegrillter Lachs mit Maisrelish und gegrillten Frühlingszwiebeln

Ein köstliches Gericht für eine Grillparty. Mit dem Maisrelish »Yankee-Style« und den gegrillten Frühlingszwiebeln als Beigabe werden Sie viel Lob ernten. Am besten passen neue Kartoffeln dazu.

Maisrelish »Yankee-Style«:

1 Liter Cidre-Essig
4 große Zuckermaiskolben, gekocht (siehe Seite 43), die Körner vom Kolben gelöst (oder 2 Tassen Mais aus der Dose)
1 Tasse fein gewürfelter Sellerie
1 Tasse fein gewürfelter Wirsing-, Spitz- oder Weißkohl
1 Tasse fein gewürfelte rote Gemüsepaprika
1 Tasse fein gewürfelte gelbe Gemüsepaprika
1 Tasse geschälte und fein gewürfelte Salatgurke
1/2 TL Senfpulver
1/4 TL Cayennepfeffer
1/2 TL Kurkuma
2 EL Zucker
Salz nach Geschmack

2 Bund Frühlingszwiebeln
4 Lachssteaks, je circa 180 g
4 EL leichtes Olivenöl
Salz und frisch gemahlener schwarzer Pfeffer
1 TL frisch gehackter Dill
1 TL frisch gehackte Petersilie
1 TL frisch gehackter Schnittlauch

In einem 4 Liter fassenden Edelstahltopf den Essig aufkochen. Die übrigen Relish-Zutaten dazugeben und 2 Minuten köcheln lassen. Durch ein Sieb gießen, Gemüse und Flüssigkeit trennen und separat beiseite stellen. Auf Zimmertemperatur abkühlen lassen, dann Gemüse und Flüssigkeit wieder miteinander verrühren. Das Relish kann schon einige Tage im voraus zubereitet und dann abgedeckt im Kühlschrank aufbewahrt werden.

Den Barbecue-Grill vorbereiten oder den Grill des Backofens kurz vorheizen. Die Frühlingszwiebeln gründlich waschen und abtrocknen. Die Endstücke sowie die Enden des dunklen Grüns etwas abschneiden, dabei die Zwiebeln aber ganz lassen. Lachssteaks und Zwiebeln mit Olivenöl beträufeln, mit Salz und Pfeffer bestreuen. Den Lachs 3 Minuten pro Seite grillen, die Zwiebeln 1 Minute auf jeder Seite.

Zum Anrichten 1 Eßlöffel Relish auf jedes Lachssteak geben und die gegrillten Zwiebeln dazu. Mit Dill, Petersilie und Schnittlauch bestreuen.

Für 4 Personen

In Bananenblättern gebackener Fisch mit Mais, Reis und schwarzen Bohnen

Dieses Rezept stammt von der mexikanischen Halbinsel Yucatan. Dort ist es üblich, Fisch oder Tamales in Bananenblätter zu wickeln und in einem besonderen Erdloch zu dämpfen. Das dürfte es in unseren Breiten schwierig sein, schließlich hat kaum jemand einen Bananenbaum im Garten oder ein Erdloch zur Verfügung. Man kann tiefgekühlte Bananenblätter manchmal in Ostasienläden finden, ansonsten läßt sich der Fisch auch in Alufolie in einem geschlossenen Barbecue-Grill zubereiten. Der Duft beim Öffnen des Päckchens ist unbeschreiblich!

2 Tassen schwarze Bohnen
2 Knoblauchzehen, nicht abgezogen
½ Lorbeerblatt
Salz nach Geschmack
4 Stück (à circa 180 g) Rotbarsch oder anderer fester weißer Fisch
Frisch gemahlener schwarzer Pfeffer nach Geschmack
4 TL Achiote-Paste (zerriebene Anattosamen, in Spezialgeschäften erhältlich)
Saft von ½ Orange
Bananenblätter, Backpergament oder Alufolie
Körner von 4 großen Kolben Zuckermais (oder 2 Tassen Mais aus der Dose)
1 Tasse Langkornreis
1 ½ Tassen Wasser
½ TL Salz
1 fein gewürfelte gelbe Tomate
1 jalapeno (grüne Pfefferschote), sehr fein gehackt
Saft von 1 Limone
½ Tasse fein gewiegte rote Zwiebel
1 Bund Koriandergrün zum Garnieren
12 kleine Radieschen zum Garnieren
1 Orange, in Scheiben, zum Garnieren
1 Limone, in Achteln, zum Garnieren

Die schwarzen Bohnen, knapp mit Wasser bedeckt, in einem schweren Topf bei starker Hitze zum Kochen bringen. Hitze verringern, Knoblauchzehen und Lorbeerblatt dazugeben. Etwa 1 Stunde bzw. so lange simmern lassen, bis die Bohnen weich sind. Mit Salz abschmecken und beiseite stellen.

Den Backofen auf 230 Grad C vorheizen.

Den Fisch leicht mit Salz und Pfeffer würzen. Die Achiote-Paste in dem Orangensaft auflösen, den Fisch damit bestreichen. Die Bananenblätter (falls vorhanden) in 20 cm große Quadrate schneiden und 30 Sekunden in den Ofen legen, damit sie biegsam werden. Andernfalls die Alufolie zuschneiden. Jeweils ein Stück Fisch auf ein Stück Folie bzw. auf ein Stück Bananenblatt legen, ½ Tasse Maiskörner darauf geben, die Folie bzw. das Blatt zusammenschlagen und an den Enden gut zuwickeln.

Unterdessen den Reis bei großer Hitze in Salzwasser zum Kochen bringen. Hitze verringern und den Reis zugedeckt 15 Minuten simmern lassen. Vom Herd nehmen, mit einem sauberen Geschirrtuch abdecken und 10 Minuten ziehen lassen. Vor dem Aufgeben mit einer Gabel auflockern.

In einer kleinen Schüssel die schwarzen Bohnen mit der Tomate, Chili, Limonensaft, roter Zwiebel und ein wenig Salz vermengen.

Die Fischpäckchen auf ein Backblech legen und 10 Minuten im Ofen backen. Der Fisch ist gar, wenn er sich auf Fingerdruck fest anfühlt. Aufpassen, daß er nicht zerfällt.

Den Fisch in seiner Verpackung mit Reis und schwarzen Bohnen servieren. Mit Koriandergrün, Radieschen, Orangenscheiben und Limonenachteln garnieren.

Für 4 Personen

Pozole

Montezumas Leibgericht und eine der wichtigsten Zubereitungsarten von Mais bei den Azteken. Auch hier gibt es wieder so viele Variationen wie Köche. Dieses Gericht läßt sich gut in größeren Mengen zubereiten und eignet sich deshalb besonders für Partys.

2 Gemüsezwiebeln, gehäutet und in 2 cm dicke Würfel geschnitten
1 Knoblauchknolle
3 Tassen Maisgrieß
500 g geräucherter Knochenschinken
1,5 kg saftige Schweinerippchen
*3 EL Chimayo Chilipulver**
1 EL Kreuzkümmelsamen
12 Tassen Wasser
Salz nach Geschmack

Garnierung:
2 EL Oregano, ohne Fett in der Pfanne geröstet
1 rote Zwiebel, fein gehackt
1 Avocado, in Scheiben
3 Limonen, in Achteln
1 Tasse grob gehacktes Koriandergrün
3 grob gehackte jalapenos (grüne Pfefferschoten)

Warme Tortillas (Maisfladen) als Beilage

Zwiebel, Knoblauch, Maisgrieß, Knochenschinken, Rippchen, Chimayo, Kümmel und Wasser in einen großen Suppentopf geben. Zum Kochen bringen, Hitze reduzieren und jeglichen Schaum abschöpfen. Ohne Deckel etwa 3 bis 3 ½ Stunden köcheln lassen, bis sich das Fleisch von den Knochen löst. Alles Fett abschöpfen. Brühe abschmecken und bei Bedarf nachsalzen.
Zu der Pozole die Gemüsebeilagen in einzelnen Schalen reichen. Die Zutaten werden nach Belieben bei Tisch in die Suppe gegeben. Die Pozole in Suppenteller geben und mit warmen Tortillas reichen.

Für 4 bis 6 Personen

* *Chimayo Chilipulver ist in mexikanischen Spezialitätengeschäften erhältlich, es kann aber durch eine Mischung aus 3 EL Paprikapulver und ¼ TL Cayennepfeffer ersetzt werden.*

Chilaquiles mit Pfefferschotensauce

Sparsame mexikanische Hausfrauen machen aus übriggebliebenen Tortillas gern Chilaquiles, das sind zerschnitzelte Tortillas, die gebraten und in mehreren Lagen mit Pfefferschotensauce dazwischen wie ein Auflauf erhitzt werden. Man kann Tortillas auch in Spezialgeschäften fertig kaufen. Nehmen Sie immer die besten Maistortillas, niemals Weizentortillas. Versuchen Sie unbedingt, für die Sauce Poblano Chili, eine grüne Pfefferschote von der Größe einer Gemüsepaprika, zu bekommen.

4 Poblano Chilis (ersatzweise andere frische grüne Chilischote)
12 große Blue Corn Tortillas (ersatzweise normale Maistortillas)
1 Tasse Pflanzenöl zum Braten
2 TL Kreuzkümmelsamen
500 g gelbe Tomaten
1 kleine Zwiebel
2 Knoblauchzehen
2 EL Schmalz oder Olivenöl
1 Prise Cayennepfeffer
Salz und frisch gemahlener schwarzer Pfeffer nach Geschmack
4 große Zuckermaiskolben, gekocht (Rezept Seite 43) und Körner vom Kolben gelöst (ersatzweise 2 Tassen Mais aus der Dose)
120 g geriebener milder Gouda
120 g milder Feta-Käse oder Mozzarella zum Garnieren
Koriandergrün zum Garnieren

Den Grill des Backofens vorheizen.
Die Chilischoten unter mehrfachem Wenden etwa 5 Minuten unter dem Grill rösten, bis die Haut schwarz wird und aufplatzt. Unter einem feuchten Tuch abkühlen lassen, die Haut abziehen und Kerne entfernen. Beiseite stellen.
Den Backofen auf 175 Grad C vorheizen. Eine breite Auflauf- oder Backform leicht mit Öl einfetten.
Die Tortillas in 2,5 cm breite Streifen schneiden. Das Pflanzenöl in einem hohen Topf bei mittlerer Hitze erwärmen, bis es beinahe raucht. Die Tortillastreifen leicht knusprig backen, nicht braun werden lassen. Auf Küchenkrepp abtropfen lassen. Das Öl durch ein Sieb abgießen und zur Wiederverwendung aufheben.
Die Kreuzkümmelsamen ohne Fett rösten, bis sie leicht gebräunt sind und aromatisch duften. In einer elektrischen Gewürzmühle mahlen oder im Mörser zerstoßen. Beiseite stellen.
Die gelben Tomaten, Zwiebel und Knoblauch in der Küchenmaschine oder mit dem Pürierstab glatt pürieren. Das Schmalz in einer großen Pfanne bei mittlerer Hitze erhitzen, bis es leicht raucht, dann die Tomatenmixtur dazugeben. Unter gelegentlichem Rühren etwa 5 Minuten braten. Mit dem gerösteten Kümmel und Cayenne würzen, nach Geschmack salzen und pfeffern.
Die Tortillastreifen in eine große Schüssel geben. Mit der Tomatensauce übergießen und mit 2 Holzlöffeln gut mengen. Die Chilis in 6 mm dicke Streifen schneiden. In dieser Reihenfolge in mehreren Lagen in die Backform schichten: Tortillastreifen, Mais, Chilis, geriebener Käse. Die letzte Lage sollte aus Tortillastreifen bestehen. Etwa 40 Minuten knusprig goldbraun backen. Mit zerbröseltem Feta oder Mozzarella bestreuen und mit Koriandergrün garnieren. Vor dem Servieren 5 Minuten abkühlen lassen.

Für 4 bis 6 Personen

Schweinebraten mit roten Chilis und Mais-Chili-Popovers

Im Spätsommer ist die Luft in Santa Fe erfüllt von dem Duft gerösteter grüner Chilis. Auf den Märkten tauchen die ersten roten Chilis auf – und oft hängen ganze Ketten davon über Türen und Fenstern. Dieses Gericht ist dem Chili gewidmet. Dazu paßt ein grüner Salat oder grünes Gemüse.

2 EL Kreuzkümmelsamen
1 Schweinebraten, etwa 1 kg
6 Knoblauchzehen, dünn geschnitten
Salz und frisch gemahlener schwarzer Pfeffer nach Geschmack
6 EL rotes Chilipulver, z.B. Ancho oder Chimayo

Mais-Popovers:
2 EL Butter zum Einfetten der Förmchen
2 Eier
1 Tasse Milch
1 EL zerlassene Butter
1 Tasse Weizenmehl
1/2 TL Salz
Körner von 3 großen Zuckermaiskolben (oder 1 1/2 Tassen Mais aus der Dose)
2 bis 3 grüne Pfefferschoten (jalapeno), Kerne entfernt und sehr fein gehackt

Den Backofen auf 230 Grad C vorheizen.
Den Kreuzkümmel ohne Fett in der Pfanne rösten, bis er hellbraun ist und aromatisch duftet. In der elektrischen Gewürzmühle mahlen oder im Mörser zerstoßen. Beiseite stellen.
Den Schweinebraten an mehreren Stellen mit den Knoblauchscheibchen spicken. Den ganzen Braten großzügig salzen und pfeffern. Mit dem roten Chili und Kümmel einreiben. (Wenn Sie ein intensiveres Aroma wünschen, präparieren Sie ihn einige Stunden vorher und stellen ihn in den Kühlschrank. Vor der Zubereitung auf Zimmertemperatur bringen.) Den Schweinebraten auf dem Rost etwa 35 Minuten bzw. so lange braten, bis das Bratenthermometer 80 Grad C anzeigt.
Aus dem Ofen nehmen, mit Alufolie abdecken und an einem warmen Ort ruhen lassen. Den Ofen nicht abschalten.
Unterdessen mit der Butter Backförmchen oder ein Backblech mit Vertiefungen einfetten.
In einer großen Rührschüssel mit einem Handrührgerät oder Schneebesen die Eier, Milch, zerlassene Butter, das Mehl und Salz etwa 2 Minuten schlagen, bis die Mischung glatt ist.
In einer kleinen Schüssel Maiskörner und jalapenos vermengen. Die Backförmchen zur Hälfte mit Teig füllen, dann in jedes einen Löffel voll Maismischung geben. 15 Minuten in der Mitte des Ofens backen, dann die Hitze auf 175 Grad C reduzieren und weitere 15 Minuten backen, bis die Popovers aufgegangen und goldbraun und krustig sind.
Den Schweinebraten aufschneiden, auf einer Servierplatte anrichten und vor dem Servieren 2 Minuten im Ofen aufwärmen.
Die Popovers in ein Körbchen geben und dazu reichen. *Für 4 bis 6 Personen*

Hähnchen-Gumbo mit Mais, Tomaten und Okraschoten

Gumbo – ein Mittelding zwischen Suppe und Eintopf – kommt aus der kreolischen Küche, und man müßte es eigentlich in New Orleans essen. Gumbo kann aus einer Vielzahl von Fleischsorten und Krustentieren bereitet werden – wir haben uns für die Version mit Geflügel entschieden. Ein herzhaftes Gericht, zu dem kräftige Durstlöscher getrunken werden sollten – danach ruht man am besten eine Weile in einer Hängematte.

1,5 kg Hähnchenkeulen, halbiert
½ Tasse Pflanzenöl
2 Gemüsezwiebeln, 2,5 cm dick gewürfelt
1 Tasse grüne Gemüsepaprika, 2,5 cm dick gewürfelt
1 Tasse gelbe Gemüsepaprika, 2,5 cm dick gewürfelt
1 Tasse Selleriestücke, 2,5 cm dick gewürfelt
Salz nach Geschmack
½ Tasse Weizenmehl
1 kg gelbe Tomaten, gehäutet, entkernt und grob gewürfelt
1 EL Knoblauch, durchgepreßt
8 Tassen Wasser
500 g Paprikawurst, in dicken Scheiben
500 g frische Okraschoten, fein gehackt
Körner von 3 großen Zuckermaiskolben (oder 1 ½ Tassen Mais aus der Dose)
1 EL frisch gehackter Thymian
Salz und frisch gemahlener schwarzer Pfeffer nach Geschmack
Cayennepfeffer nach Geschmack
2 Tassen Langkornreis
½ TL Salz
3 Tassen Wasser
3 EL Frühlingszwiebeln, in feinen Röllchen, zum Garnieren
2 EL frisch gehackte glatte Petersilie zum Garnieren

Die am Gelenk halbierten Hähnchenkeulen in einem Bräter etwa 3 bis 5 Minuten auf jeder Seite anbraten. Herausnehmen und beiseite stellen. Zwiebel, Paprika und Sellerie in den Bräter geben, leicht salzen und etwa 3 Minuten anbraten. Mehl dazugeben und mit einem Holzlöffel gut umrühren. Etwa 5 bis 6 Minuten weiterbraten, bis das Mehl gebräunt ist. Tomaten, Knoblauch und Wasser dazugeben und die Mischung zum Kochen bringen. Die Keulen wieder in den Bräter geben und die Hitze reduzieren. Zugedeckt 1 Stunde köcheln lassen, bis das Hähnchenfleisch weich ist. Wurst, Okraschoten, Mais und Thymian dazugeben. Weitere 10 Minuten köcheln. Jegliches Fett abschöpfen. Abschmecken und bei Bedarf mit Salz, Pfeffer und Cayenne nachwürzen.

Den Reis 25 Minuten vor dem Servieren aufsetzen. Aufkochen lassen, dann die Hitze reduzieren und zugedeckt 15 Minuten köcheln lassen. Vom Herd nehmen, mit einem Geschirrtuch abdecken und 10 Minuten ziehen lassen. Vor dem Servieren mit einer Gabel auflockern.

Das Gumbo über den Reis auf Suppenteller aufgeben. Mit Frühlingszwiebeln und Petersilie garnieren.

Für 6 Personen

Fettuccine mit Mais, Kürbis und Kürbisblüten

Verwenden Sie unbedingt frische Zutaten für dieses Gericht – nur so wird daraus eine wirkliche Delikatesse! Servieren Sie keinesfalls geriebenen Käse dazu. Er würde das zarte Aroma stören.

3 Liter Wasser
2 EL kaltgepreßtes Olivenöl
1 Gemüsezwiebel, sehr fein gehackt
Salz nach Geschmack
500 g Baby-Gartenkürbis oder kleiner Gartenkürbis, ersatzweise Zucchini, mit Blüten
Körner von 3 großen Zuckermaiskolben (oder 1 ½ Tassen Mais aus der Dose)
1 TL frisch gehackter Thymian
2 bis 3 Knoblauchzehen, durchgepreßt
Frisch gemahlener schwarzer Pfeffer nach Geschmack
½ Tasse Hühnerbrühe, heiß
500 g Fettuccine (am besten selbstgemacht)
2 EL Butter
Saft von 1 Zitrone
8 große Basilikumblätter, in dünne Streifen geschnitten
2 EL frisch gehackte glatte Petersilie
1 EL frisch gehackter Schnittlauch

Salzwasser in einem großen Topf zum Kochen bringen.
Das Öl in einer Pfanne bei mittlerer Hitze erwärmen. Zwiebeln leicht salzen und 4 bis 5 Minuten glasig und leicht braun dünsten.
Die Kürbis- (oder Zucchini-)blüten abnehmen und in dünne Streifen schneiden. Beiseite stellen. Den Kürbis (oder die Zucchini) in dünne Scheiben schneiden und zu den Zwiebeln geben. Etwa 1 Minute andünsten, dann Mais, Thymian und Knoblauch dazugeben. Mit Salz und Pfeffer nach Geschmack würzen. Hühnerbrühe angießen, die Temperatur heraufschalten und 1 weitere Minute garen. Vom Herd nehmen.
Die Fettucine etwa 2 Minuten sprudelnd al dente kochen. Fettuccine abgießen und wieder in den Topf geben. Die Kürbis-Mais-Mischung darübergeben, die Blütenstreifen und Butter dazugeben. Mit Zitronensaft beträufeln und vorsichtig miteinander vermengen. Auf 4 vorgewärmte Suppenteller geben. Mit Basilikum, Petersilie und Schnittlauch garnieren.

Für 4 Personen

REGISTER

DANKSAGUNGEN

Ich möchte den folgenden Köchen, Farmern, Kollegen, Lehrern und Freunden danken: Alice Waters, Niloufer Ichaporia, Catherine Brandel, Peggy Smith, Michael Wild, Brian Knox, Christine Galvin, Lili Lecocq, Elizabeth Berry, Randal Breski, Josephine Rooney, L.K. Larsen, Barbara Tanis, Bill Fujimoto, Joseph P. Guth, Tom Bruce, Mark Sanchez, Deborah Madison, Ernst Reck, Bob Cannard, Jenny Barry, Meesha Halm und dem hervorragenden Personal im Café Escalera und im Chez Panisse.

Collins Publishers und das Fotografenteam möchten danken: Jeri Jones und Helga Sigvaldadottir, Foto-Assistenten; Allyson Levy, Food-Styling-Assistentin; Zona und Naomi's in San Francisco, Ausstattung; Assumpta Curry, Design und Produktionskoordination; und Susan Swant, Herstellungsleitung. Dank geht weiterhin an Dragon Fly Farm und Westside Farms in Healdsburg für ihre Spenden an frischen Produkten und dafür, daß wir auf ihren Farmen fotografieren durften. Spezieller Dank an J. Carrie Brown und Charles Brown für die Erlaubnis, im Jimtown Store in Healdsburg, CA, fotografieren zu dürfen.